Patrick Kolb
Laurence Leturmy

L'essentiel *du* Droit pénal général

14e édition
2017 2018

Gualino
une marque de Lextenso

LES CARRÉS

Cette collection de livres présente de manière synthétique, rigoureuse et pratique l'ensemble des connaissances que l'étudiant doit posséder sur le sujet traité. Elle couvre :
- le Droit et la Science Politique ;
- les Sciences économiques ;
- les Sciences de gestion ;
- les concours de la Fonction publique.

Patrick Kolb est Maître de conférences en droit privé et sciences criminelles à la faculté de droit et des sciences sociales de l'université de Poitiers.
Laurence Leturmy est Professeur en droit privé et sciences criminelles à la faculté de droit et des sciences sociales de l'université de Poitiers.

Des mêmes auteurs, chez le même éditeur

Collection « Amphi LMD »

– *Cours de Droit pénal général*, 3e éd. 2017-2018.

Collection « Carrés Rouge »

– *L'essentiel du Droit pénal général*, 17e éd. 2017-2018.
– *L'essentiel des Grands arrêts de Droit pénal et de la Procédure pénale*, 2017.

Collection « Petit Lexique »

– *Lexique de Droit pénal*, 2017.

70, rue du Gouverneur Général Éboué
92131 Issy-les-Moulineaux cedex
ISBN 978 - 2 - 297 - 06428 - 6
ISSN 1288-8206

PRÉSENTATION

Le droit pénal se définit comme le droit de la répression des infractions ou comme l'ensemble des règles ayant pour objet de déterminer les actes antisociaux, de désigner les personnes pouvant être déclarées responsables et fixer les peines qui leur sont applicables. L'ensemble de ces règles est regroupé dans le Code pénal promulgué en 1992 et entré en vigueur en 1994. Depuis, de multiples réformes sont venues modifier, avec plus ou moins d'élan et de répercussions, ce bel édifice.

Cet ouvrage a pour vocation de présenter de façon à la fois synthétique et structurée l'ensemble des connaissances qu'un étudiant ou un candidat aux concours administratifs doit avoir sur le Droit pénal.

Il se compose de trois parties :

- *les grands principes :* classification tripartite des infractions, principe de la légalité criminelle, champ d'application de la loi pénale ;
- *la responsabilité pénale :* nécessité d'une infraction, présence d'un auteur, causes d'irresponsabilité ou d'atténuation de la responsabilité pénale ;
- *les peines :* classification des peines, régime de la peine, extinction de la peine.

L'ensemble constitue, pour tous les étudiants désireux d'aborder la matière ou, au contraire, la réviser utilement, une synthèse d'un domaine du droit où, comme d'aucuns le notent, l'erreur peut être lourde de conséquences.

L'ouvrage intègre les apports législatifs et jurisprudentiels les plus récents.

SOMMAIRE

SOMMAIRE

PARTIE 2
De la responsabilité pénale

SOMMAIRE

Les grands principes du droit pénal

PARTIE 1

La classification tripartite des infractions

Chapitre 1

Ainsi s'ouvre le Code pénal : « Les infractions pénales sont classées, suivant leur gravité, en crimes, délits et contraventions ». Cette partition cardinale gouverne l'ensemble de notre droit pénal.

1 Le principe de la classification tripartite

Le principe puise sa source à l'époque révolutionnaire. Formulé pour la première fois par le Code pénal de 1791, il fut naturellement repris par le Code de 1810 qui qualifiait les infractions, selon les hypothèses, de crimes, délits ou contraventions. L'article premier énonçait : « *L'infraction que les lois punissent de peines de police est une contravention. L'infraction que les lois punissent de peines correctionnelles est un délit. L'infraction que les lois punissent d'une peine afflictive ou infamante est un crime* ».

On a souvent reproché à cette rédaction de faire dépendre la gravité de l'infraction de la gravité de la peine. À dire vrai, le débat était tronqué car, à l'évidence, le législateur prend d'abord la mesure de l'infraction avant de lui attribuer une peine. Le caractère artificiel de cette rédaction a également alimenté quelques controverses. Crimes et délits semblent en effet appartenir à une seule et même famille, celle des infractions les plus graves qui supposent chez leurs auteurs, contrairement aux contraventions, une intention délictueuse. D'ailleurs, sous la plume du législateur, il n'est pas rare de voir un délit se transformer, au gré de quelques circonstances aggravantes, en véritable crime. Ainsi, commis sous la menace d'une arme, le vol devient un crime.

2 Les intérêts de la classification tripartite

■ À l'égard des règles de fond

a) Sur les incriminations

À propos de l'***élément matériel***, on retiendra tout d'abord que la tentative est toujours punissable pour les crimes, uniquement lorsqu'elle est prévue pour les délits et jamais pour les contraventions. La complicité est toujours punissable pour les crimes et les délits mais ne l'est qu'exceptionnellement en matière de contravention.

À propos de l'***élément moral***, on retiendra que les crimes sont nécessairement des infractions intentionnelles alors que les délits, sous la plume du législateur, peuvent prendre la forme d'infractions d'imprudence ou de négligence. De même, on retiendra qu'en matière criminelle et délictuelle l'accusation doit prouver la faute de la personne poursuivie alors que cette faute est présumée en matière contraventionnelle. Sans être renversé de façon irréfragable, le principe de la présomption d'innocence rencontre, en ce dernier domaine, de réelles limites.

b) Sur les peines

Le ***principe du non-cumul des peines*** connaît une exception notable pour les amendes contraventionnelles. Celles-ci se cumulent, selon les termes de l'article 132-7 du Code pénal (C. pén.), non seulement entre elles mais aussi avec celles prononcées pour un crime ou un délit en concours.

La peine d'emprisonnement a disparu, avec une loi de 1993 en matière contraventionnelle. Pour les crimes et les délits, le législateur, autre nouveauté, se borne à fixer une durée de détention maximale.

La prescription de la peine varie en fonction de la nature de l'infraction. La durée est fixée à vingt ans pour les crimes, six ans pour les délits et trois ans pour les contraventions. Passés ces délais, le législateur estime qu'il n'est plus opportun pour la société de faire subir sa peine à une personne qui, ayant été condamnée, ne l'a pas encore exécutée.

■ À l'égard des règles de forme

a) La compétence des juridictions

Les contraventions relèvent de la compétence du tribunal de police, les délits du tribunal correctionnel, et les crimes de la cour d'assises.

b) La saisine d'un juge d'instruction

En matière de crime, la saisine d'un juge d'instruction est obligatoire. Jusqu'à la loi du 15 juin 2000, la procédure d'instruction répondait au principe du double degré de juridiction. Conduite en premier lieu par un juge d'instruction, elle était en effet poursuivie par une chambre d'accusation. L'appel ayant été introduit en matière criminelle, le double degré d'instruction a été supprimé. Facultative en matière de délit, la saisine d'un juge d'instruction est aujourd'hui devenue monnaie courante pour les infractions liées à la vie des affaires. En matière de contravention, la saisine du juge d'instruction, exceptionnelle en ce domaine, est laissée à la seule initiative du procureur de la République.

c) Les procédures dites accélérées

Comme elles font l'économie de toute instruction, les procédures de comparution immédiate, de citation directe, voire de médiation, de composition pénale ou encore celle de comparution sur reconnaissance préalable de culpabilité, sont donc logiquement écartées en matière criminelle.

d) La prescription

La mise en mouvement de l'action publique est conditionnée par le temps qui passe. Sous peine de prescription, l'engagement des poursuites doit être intenté dans les vingt ans pour les crimes, six ans pour les délits et dans l'année pour les contraventions.

La prescription qui court en principe à compter du jour de la commission de l'infraction est, lorsque celle-ci est occulte ou dissimulée, reportée au jour où les faits ont pu être constatés dans les conditions permettant l'exercice de l'action publique. À contre-courant de ces extensions, la Chambre criminelle avait, le 16 octobre 2013, censuré un arrêt qui, pour reporter le point de départ de la prescription de l'action publique concernant des homicides volontaires commis sur des enfants nouveaux nés avait énoncé que le secret entourant les naissances et les décès concomitants s'était poursuivi jusqu'à la découverte des corps des victimes et constitué ainsi un obstacle insurmontable à l'exercice de l'action publique. Saisie à son tour, l'Assemblée plénière, se fondant sur le terrain de la suspension du délai, avait renversé la donne, non sans entraîner de sérieuses réserves doctrinales, en acceptant que l'affaire soit jugée (*Cass. ass. plén., 7 nov. 2014*). La loi du 27 février 2007 a repris à son compte la particularité des infractions occultes ou dissimulées. Ainsi, « le délai de prescription de l'action publique de l'infraction occulte ou dissimulée court à compter du jour où l'infraction est apparue et a pu être constatée dans des conditions permettant la mise en mouvement ou l'exercice de l'action publique, sans toutefois que le délai de prescription puisse excéder douze années révolues pour les délits et trente années révolues pour les crimes à compter du jour où l'infraction a été commise. »

Animé par un souci de répression, le législateur a repoussé ces délais à trente ans pour les crimes et à vingt ans pour les délits en matière de terrorisme et de trafic de stupéfiants.

En outre, le délai de prescription des crimes mentionnés à l'article 706-47 du Code de procédure pénale et commis contre des mineurs est de vingt ans (dix ans pour les délits) et ne commence à courir qu'à partir de la majorité de ces derniers.

Enfin, autre exception notable, les crimes contre l'humanité sont déclarés imprescriptibles par nature. L'imprescriptibilité vaut tant pour l'action publique que pour la peine prononcée.

Les intérêts de la classification tripartite à l'égard des règles de fond

	Crimes	Délits	Contraventions
Source	Relèvent du domaine de la loi (Const., art. 34, et C. pén., art. 111-2)	Relèvent du domaine de la loi (Const., art. 34, et C. pén., art. 111-2)	Relèvent du domaine du règlement (Const., art. 37, et C. pén., art. 111-2)
Nature de la faute reprochée	Uniquement intentionnelle	Intentionnelle on non intentionnelle	Dite matérielle sauf indications contraires dans le texte
Charge de la preuve	Pèse sur l'accusation	Pèse sur l'accusation	Faute présumée
Tentative	Toujours punissable	Punissable, seulement si elle est prévue par un texte	Non
Complicité punissable	Oui	Oui	Exceptionnellement punissable
Cumul des peines	Non-cumul	Non-cumul	Cumul
Emprisonnement	Oui, réclusion criminelle	Oui, emprisonnement	Non
Prescription de la peine	20 ans en principe (imprescriptible pour les crimes contre l'humanité)	6 ans	3 ans

Les intérêts de la classification tripartite à l'égard des règles de forme

	Crimes	Délits	Contraventions
Juridiction compétente	Cour d'assises	Tribunal correctionnel	Tribunal de police et juge de proximité
Instruction	Obligatoire	Facultative	Exceptionnelle
Comparution immédiate	Impossible	Possible	-
Prescription de l'action publique (principe)	20 ans (imprescriptible pour les crimes contre l'humanité)	6 ans	1 an
Prescription de l'action publique (terrorisme, trafic de stupéfiants)	30 ans	20 ans	-
Prescription de l'action publique (certaines infractions relatives aux mineurs)		10 ou 20 ans (à partir de la majorité)	-

Le principe de la légalité criminelle

Chapitre 2

*Présenté comme la clé de voûte du droit pénal, le principe de la légalité sous-entend que le pouvoir d'édicter les règles du droit pénal incombe à la loi (Nullum crimen, nulla poena sine lege). Un tel principe ne peut se développer que dans un État de droit qui connaît au surplus le principe de la séparation des pouvoirs. Aussi est-il commode de fixer les origines du principe de la légalité à la fin du XVIII*e *siècle, la Déclaration de 1789 apparaissant alors comme son acte de naissance officiel.*

Plus de deux siècles se sont écoulés depuis cette première affirmation. Si l'intitulé « De la loi pénale » du titre I du nouveau code fait encore illusion, son contenu révèle clairement le double sens qu'il convient de donner, aujourd'hui, au vocable « loi ». L'article 111-3 du Code pénal précise en effet que « *Nul ne peut être puni pour un crime ou pour un délit dont les éléments ne sont pas définis par la loi, ou pour une contravention dont les éléments ne sont pas définis par le règlement* ». Et l'alinéa second poursuit : « *Nul ne peut être puni d'une peine qui n'est pas prévue par la loi, si l'infraction est un crime ou un délit, ou par le règlement, si l'infraction est une contravention* ».

Devant cette poussée du pouvoir réglementaire comme devant l'avancée du droit international, certains préfèrent abandonner l'expression au profit de celle de « principe de textualité ». Le principe de la légalité ne sort indemne de cette évolution que si l'on accepte d'en élargir le sens et d'y englober, outre la loi, les textes de nature réglementaire.

1 La signification du principe de la légalité à l'égard du législateur

■ *Les qualités exigées de tout texte pénal*

a) La nécessaire précision de la règle pénale

Le principe de la légalité impose la rédaction de ***textes clairs et précis***. Chacun connaît la formule de Portalis : « En matière criminelle, il faut des lois précises et point de jurisprudence ». L'exigence vaut bien entendu tant pour les incriminations et les sanctions que pour les règles de procédure.

On peut parfois éprouver quelques doutes sur l'effectivité du principe. La meilleure doctrine accepte et tient pour conformes au principe étudié des expressions souvent utilisées pour « définir » les moyens de l'infraction, comme « par tous moyens » ou « de quelque manière que ce soit ». Et que dire du vol défini par le code comme la soustraction frauduleuse de la chose d'autrui ?

b) La nécessaire proportionnalité de la peine édictée

La peine édictée ne doit pas être d'une sévérité excessive au regard de la gravité du comportement interdit. Si la formule peut faire sourire, elle n'en est pas moins d'une importance considérable. À la vérité, la formule n'est pas nouvelle puisque la Déclaration de 1789 énonçait, en limitant les pouvoirs du législateur, « la loi ne peut édicter que les peines strictement et évidemment nécessaires ».

■ *Le contrôle des qualités exigées*

a) Le contrôle de la qualité de la loi pénale par le Conseil constitutionnel

Fort de l'idée de souveraineté parlementaire, il n'y a jamais eu avant la Ve République d'organe juridictionnel chargé de contrôler, au regard de la Constitution, la conformité des lois votées par le Parlement. Rompant avec cette tradition, le Conseil constitutionnel détient aujourd'hui ce pouvoir.

Aussi, lorsqu'il est saisi, encore faut-il qu'il le soit, le Conseil constitutionnel, sous couvert de l'article 8 de la Déclaration de 1789, veille rigoureusement au respect des exigences de clarté et de précision.

En outre, sur le terrain de la proportionnalité, le Conseil a pu, là encore en s'appuyant sur la Déclaration de 1789, rappeler au législateur que « la loi ne peut édicter que les peines strictement et évidemment nécessaires ».

Si en définitive les exigences du principe de la légalité sont peu ou prou respectées, le contrôle du Conseil constitutionnel porte sur un domaine beaucoup plus étendu. Tant il est vrai que le droit pénal est par nature « un droit à haut risque pour les libertés », le Conseil a eu l'occasion de rappeler, ces dernières décennies, bon nombre de principes fondamentaux.

Ces principes qualifiés par la doctrine de « généraux » ou encore de « directeurs » concernent, outre la légalité, l'égalité devant la loi, le respect des droits de la défense ou encore la non-rétroactivité de la loi pénale. À l'évidence, l'intégration dans le ***bloc de constitutionnalité*** des textes visés par le préambule de la Constitution de 1958 a fortement contribué à transformer ces principes en ***principes constitutionnels***. C'est le cas de tous ceux qui viennent d'être visés.

La loi constitutionnelle du 23 juillet 2008 a complété notre Constitution d'un nouvel article 61-1 : « Lorsque, à l'occasion d'une instance en cours devant une juridiction, il est soutenu qu'une disposition législative porte atteinte aux droits et libertés que la Constitution garantit, le Conseil constitutionnel peut être saisi de cette question sur renvoi du Conseil d'État ou de la Cour de cassation qui se prononce dans un délai déterminé ». Ainsi est né, le contrôle de constitutionnalité a posteriori via la QPC. Traduction oblige, il faut lire : Question Prioritaire de Constitutionnalité. La réforme ne permet donc pas au justiciable de saisir directement le Conseil constitutionnel. Mais, il faut en prendre la juste mesure, c'est bien le Conseil qui a reçu seul la compétence pour effectuer le contrôle et non les juridictions judiciaires ou administratives.

b) Le contrôle de la qualité de la loi et du règlement par le juge pénal

1) Le contrôle du règlement par le juge pénal

À l'évidence, le principe de la séparation des pouvoirs interdit toute incursion du juge judiciaire dans le domaine réservé de l'exécutif. Si la règle est certaine pour le juge civil, les juridictions répressives, de longue date, se sont octroyées le pouvoir d'apprécier la légalité des règlements émanant de l'Exécutif lorsque l'exception d'illégalité est soulevée devant elles à l'occasion de poursuites pénales. Les conditions de cette incursion dans les terres du pouvoir exécutif ont alimenté bien des controverses entre la Chambre criminelle et le Tribunal des conflits.

Assurément, l'un des mérites du nouveau code est d'avoir levé les incertitudes qui régnaient en cette matière. L'article 111-5 du Code pénal énonce aujourd'hui : « Les juridictions pénales sont compétentes pour interpréter les actes administratifs, réglementaires ou individuels et pour en apprécier la légalité lorsque, de cet examen, dépend la solution du procès pénal qui leur est soumis ».

2) Le contrôle de la loi par le juge pénal

Le juge pénal ne saurait être autorisé à se faire juge de la constitutionnalité de la loi pénale. La solution est dictée tant par le principe de la séparation des pouvoirs que par les dispositions de la Constitution elle-même. Et la Cour de cassation rappelle cette solution : « Les textes ayant valeur législative s'imposent aux juridictions de l'ordre judiciaire qui ne sont pas juges de leur constitutionnalité ». Il n'en reste pas moins, depuis la réforme de la QPC, que la Chambre criminelle doit porter une appréciation sur la disposition contestée par le justiciable. Est-ce à dire qu'en renvoyant la contestation devant le Conseil constitutionnel, la Chambre estime bien fondée la requête du justiciable ? l'inverse, en refusant de saisir le gardien de la Constitution, est-ce à dire qu'elle considère la disposition contestée comme non contraire aux « droits et libertés garantis par la Constitution » telle qu'ils ressortent immédiatement du « bloc de constitutionnalité » et de la jurisprudence du Conseil constitutionnel ? Rien n'est aussi simple.

Toutefois, sous couvert de l'article 55 de la Constitution et sous le contrôle de la Chambre criminelle, le juge pénal pourrait écarter une loi interne qui ne respecterait pas l'une des exigences étudiées. En réalité, les arrêts de la cour souveraine éprouvent les plus grandes difficultés à faire prévaloir la norme supranationale sur la norme interne. Mais, globalement, notre législation répond aux exigences supralégislatives. Les condamnations de la France, donc de la législation française, prononcées par la Cour de Strasbourg sont assez rares. Notre système procédural est d'ailleurs plus souvent sur la sellette que notre droit de fond. On constate d'ailleurs que, le plus souvent, ce sont davantage des dérapages de fonctionnement que la législation elle-même qui sont à l'origine de la condamnation.

2 La signification du principe de la légalité à l'égard du juge pénal

■ *La prohibition de tout pouvoir créateur du juge*

À propos des incriminations, il va sans dire que le juge ne peut poursuivre un comportement qui n'est pas interdit par la loi. À l'inverse, le principe de la légalité n'impose nullement au juge de poursuivre, avec l'acharnement de l'exhaustivité, tous les forfaits accomplis et révélés. Le caractère automatique des poursuites a très vite été abandonné au profit du ***principe de l'opportunité des poursuites***. Au demeurant, une fois engagée, la poursuite peut très bien s'articuler sur une qualification moins grave que celle initialement prévue par le législateur.

À propos des peines, les exigences du principe sont les mêmes. Le juge ne peut prononcer une peine autre que celle prévue par la loi. Le juge ne saurait davantage être autorisé à aggraver les peines prévues par la loi. En revanche, le principe de la légalité n'interdit nullement au magistrat, sous couvert d'individualisation de la peine, de montrer, dans les limites de la loi, quelque élan de générosité à l'égard de la personne poursuivie. L'attribution du sursis, l'énoncé de cause légale de diminution de peine, la dispense de peine, la considération « officieuse » de circonstances atténuantes témoignent, parmi d'autres, des moyens laissés à la disposition des magistrats.

■ *L'obligation d'interpréter strictement la loi*

La doctrine rivalise d'intérêt pour faire le partage entre ce qui est permis au juge et ce qui lui est interdit. Si la plupart des auteurs refusent toute concession à l'égard des interprétations littérales et analogiques, ils reconnaissent volontiers, références judiciaires à l'appui, les bienfaits d'une interprétation téléologique. Face aux commentaires proposés, il n'est pas toujours facile de faire le partage entre l'analogie refusée et la téléologie acceptée. À l'analyse, les décisions citées reflètent le plus souvent des raisonnements par analogie que la Chambre criminelle censure ou au contraire couvre de son autorité. Ainsi, par exemple, lorsqu'elle juge en 1997 que « tout acte de fellation constitue un viol dès lors qu'il est imposé par la violence, contrainte ou surprise, à celui qui le subit ou à celui qui le pratique » alors que le Code pénal (art. 222-29) vise seulement « les actes de pénétration sexuelle » commis sur la personne d'autrui, la Chambre criminelle évolue incontestablement sur le terrain du raisonnement par analogie. Dès lors, on ne peut qu'approuver le revirement de jurisprudence opéré l'année suivante. En visant expressément l'article 111-4 du Code pénal – « la loi pénale est d'interprétation stricte » – la Chambre criminelle énonce que l'élément matériel du crime de viol n'est constitué que si l'auteur réalise l'acte de pénétration sexuelle sur la personne de la victime.

Plus récemment, l'Assemblée plénière de la Cour de cassation a solennellement condamné toute dérive tendant à une interprétation analogique en s'opposant à ce que l'incrimination d'homicide involontaire soit étendue à l'enfant à naître.

■ *La nécessité pour le juge de qualifier les faits*

Qualifier, c'est rechercher le texte qui est applicable aux faits poursuivis. Il s'agit du premier devoir du magistrat. Celui-ci doit apprécier le caractère répréhensible du comportement qui lui est soumis.

a) Les difficultés rencontrées pour toute qualification

1) La variabilité de la qualification

Toutes les juridictions pénales, qu'elles soient d'instruction ou de jugement, sont saisies ***« in rem », c'est-à-dire du fait commis***. Chacun souligne la liberté accordée à chaque autorité judiciaire pour qualifier les faits en toute indépendance. Ainsi, par exemple, un fait pourra successivement être qualifié de vol par le parquet qui lance les poursuites, d'escroquerie par le juge d'instruction saisi et d'abus de confiance par le tribunal correctionnel chargé du jugement. Trois vêtements juridiques distincts auront été alors endossés. La liberté des magistrats rencontre toutefois quelques limites, notamment pour les infractions de presse et celles liées à la répression des fraudes. En ce dernier domaine, la loi du 1er août 1905 énonce que toute poursuite exercée en vertu de ce texte « devra être continuée et terminée en vertu des mêmes textes ».

2) Les contraintes pesant sur chaque autorité judiciaire

L'autorité judiciaire, dans son pouvoir de qualification et de requalification, ne peut en aucun cas englober par une qualification nouvelle des faits dont elle n'est pas saisie. En outre, la qualification d'une infraction doit être déterminée au regard « du temps de l'action ». Il s'ensuit que tout changement ultérieur de la situation est inopérant et ne peut être pris en cause.

b) Les difficultés liées à l'existence d'un conflit de qualifications

1) Les données du problème

Il arrive qu'un même fait endosse naturellement plusieurs qualifications. C'est le cas, par exemple, en présence de plusieurs victimes lorsque celles-ci n'ont pas subi le même préjudice. Le conflit de qualifications peut naître également de la pluralité des faits matériels. Encore faut-il que ces faits soient liés les uns aux autres. Ainsi, par exemple, le vol peut être précédé d'une violation de domicile. Convient-il d'actionner, de mettre en jeu toutes les qualifications possibles ou au contraire de ne retenir que celle qui paraît la mieux adaptée à la situation en cause ?

2) Les réponses apportées

Alors que les difficultés évoquées sont au contraire monnaie courante, le législateur n'est ici d'aucun secours. En pratique, l'***élément moral*** guide le plus souvent le raisonnement des magistrats. Les magistrats semblent rechercher, lorsque plusieurs qualifications sont possibles (acte unique ou plusieurs actes unis), si l'auteur de l'infraction a entendu ***porter atteinte à une seule ou à plusieurs valeurs sociales***.

L'idée est simple. Si une seule valeur sociale est violée, une seule qualification sera retenue (alors même que d'autres eussent été possibles). Les qualifications sont ainsi mises en concours. Le concours sous-entend, chacun l'a compris, un choix à faire. Une seule déclaration de culpabilité sera donc alors retenue. À l'inverse, si plusieurs valeurs sociales sont volontairement atteintes, plusieurs qualifications pourront être retenues. Dans une telle hypothèse, le cumul de qualifications pourra entraîner une double déclaration de culpabilité. Tel est le cas des délits de discriminations syndicales et de harcèlement moral qui violent des valeurs sociales distinctes.

Parfois le choix est guidé par les événements. Ainsi, lorsqu'une personne provoque la mort d'une autre, plusieurs incriminations peuvent être proposées : le meurtre, l'homicide involontaire ou encore les violences ayant entraîné la mort sans intention de la donner. À l'évidence, l'homicide ne peut pas être à la fois volontaire et involontaire. Parfois, les qualifications en concours sont présentées comme incompatibles. Il en est ainsi lorsqu'une seconde infraction est la conséquence logique, pratiquement automatique, d'une première infraction. Que le voleur conserve la possession de la chose volée et deux infractions sont réalisées, entraînant deux qualifications en concours : celle de vol et celle de recel. À l'identique, le schéma se répète lorsque l'auteur d'une agression part sans secourir sa victime. Si le délit de violence est constitué par l'agression, l'absence de secours caractérise, à n'en pas douter, le délit de défaut d'assistance à personne en péril. Il y a donc concours et non cumul de qualifications. Il serait en effet quelque peu paradoxal de reprocher au voleur d'avoir conservé le produit de son vol ou de reprocher un défaut d'assistance à l'auteur des violences. Mais, à la vérité, les textes n'imposent nullement un tel choix. D'ailleurs, la Chambre criminelle a parfois admis le cumul du délit de violences volontaires et du délit d'omission de porter secours. Ces décisions ont le mérite de rappeler que « l'incompatibilité » n'est peut-être pas aussi absolue que d'aucuns voudraient bien le laisser entendre.

Le champ d'application de la loi pénale

Chapitre 3

Portée par l'article 112-1 du Code pénal, la matière est gouvernée par deux principes d'égale valeur : celui de la non-rétroactivité de la loi pénale (al. 1 et 2) et celui de la rétroactivité de la loi pénale (al. 3). À l'évidence, ces deux principes, apparemment contradictoires, commandent des situations différentes. Chacun d'entre eux supporte au demeurant de sérieux tempéraments.

1 L'application de la loi pénale dans le temps

■ *Les lois pénales de fond*

a) Le principe de la non-rétroactivité de la loi pénale

L'article 112-1 du Code pénal interdit la rétroactivité de toute incrimination nouvelle et interdit aux juridictions du fond de prononcer une peine non prévue au moment de la commission de l'infraction. La loi nouvelle doit se contenter de saisir les faits commis après son entrée en vigueur. Pour les faits commis au préalable, il y a donc ***survie de la loi ancienne***. Corollaire indispensable du principe de la légalité, le principe de la non-rétroactivité est regardé comme une ***mesure de justice sociale***, une garantie pour la liberté des individus. Depuis deux siècles, la formule ne cesse d'être affirmée. La Déclaration des droits de l'homme et du citoyen, le Code pénal de 1810, puis, plus tard, la Déclaration universelle des droits de l'homme, la Convention européenne de sauvegarde des droits de l'homme et des libertés fondamentales et le Pacte international relatif aux droits civils et politiques ont tour à tour porté l'exigence du principe. Le nouveau Code pénal n'a fait que poursuivre cette impressionnante destinée. Il ne pouvait d'ailleurs pas en être autrement puisque le principe de la non-rétroactivité possède une ***valeur constitutionnelle*** tant par référence au préambule de 1958 que par son appartenance au principe de la légalité.

b) Le principe de la rétroactivité de la loi pénale plus douce

Le principe de la rétroactivité de la loi pénale plus douce, dit « rétroactivité *in mitius* », a toujours été considéré par les juridictions comme de ***valeur permanente***. Selon ce principe, la loi nouvelle, plus douce, va saisir non seulement les faits qui lui sont antérieurs mais encore toutes les situations qui sont pendantes devant les juridictions.

Il paraît assez juste que l'indulgence profite à ceux qui ont commis leur acte sous l'empire de la loi ancienne. La loi ne doit-elle pas établir que des peines strictement et évidemment nécessaires ? C'est l'exacte formulation de l'article 8 de la Déclaration des droits de l'homme et du citoyen. Et c'est justement sous couvert de cette référence que le Conseil constitutionnel a hissé en 1981 le principe de la rétroactivité de la loi pénale plus douce au rang constitutionnel. D'aucuns ne manquent pas de critiquer ce raisonnement en affirmant, à juste titre, que la survie de la loi ancienne puisse être tout aussi nécessaire pour « des raisons d'efficacité répressive ». En écho, certaines décisions de la Chambre criminelle conditionnent, non sans ambiguïté, la rétroactivité *in mitius* à « l'absence de dispositions contraires expresses ». Autrement dit, en présence de telles dispositions législatives, la survie de la loi ancienne, plus sévère, s'impose. À n'en pas douter, cette construction méconnaît ouvertement le droit international puisque la rétroactivité *in mitius* est hautement affirmée par le pacte international relatif aux droits civils et politiques.

La Cour européenne a d'ailleurs eu l'occasion de consacrer la valeur conventionnelle du principe de la rétroactivité « *in mitius* ». Pour autant, le Conseil constitutionnel, statuant en QPC, a, le 3 décembre 2010, troublé singulièrement cette belle présentation. Il a décidé qu'une disposition législative pouvait écarter l'application immédiate aux affaires en cours d'une incrimination plus douce sans entrer en contradiction avec nos principes constitutionnels. Et les premiers commentateurs de noter que le principe connaît dorénavant une exception lorsque « la poursuite de la répression était inséparable du régime instauré antérieurement ».

Mais d'autres difficultés troublent encore l'application de la loi pénale plus douce. Dans bon nombre d'hypothèses, il est en effet bien délicat de déterminer avec précision le caractère plus doux des mesures nouvelles prises par le législateur.

Les lois pénales de forme

Principes envisageables	Portée	Appréciation
Rétroactivité de la loi nouvelle	La loi nouvelle abolit les effets procéduraux déjà produits par la loi ancienne. Seules les procédures définitivement closes échappent à son autorité. Les autres, en suspens, sont aussitôt envahies par la loi nouvelle.	La conséquence est redoutable. Il faut recommencer la procédure. Un tel schéma est à l'évidence d'une piètre efficacité et ne peut manifestement être acceptable et accepté.
Survie de la loi ancienne	Permet à la loi ancienne de poursuivre sereinement ce qu'elle a commencé à réglementer et ce jusqu'à la clôture définitive de la procédure.	Le principe de la légalité, qui a force tout autant en procédure qu'en droit pénal de fond, est alors pleinement respecté.
Effet immédiat de la loi nouvelle	Les deux lois en conflit vont chacune avoir une période respective d'application. La plus ancienne va conduire la procédure jusqu'à l'entrée en vigueur de la nouvelle qui s'appliquera aussitôt sans remettre en cause les actes déjà accomplis.	

a) Les principes envisageables

1) Le principe de la rétroactivité de la loi nouvelle

Par l'effet de la rétroactivité, la loi nouvelle abolit les effets procéduraux déjà produits par la loi ancienne. Seules les procédures définitivement terminées échappent à son autorité. Les autres, en suspens, sont aussitôt absorbées par la loi nouvelle ce qui impose de recommencer la procédure. À l'évidence, un tel schéma ne présente guère d'intérêt.

2) Le principe de la survie de la loi ancienne

Il permet à celle-ci de poursuivre sereinement ce qu'elle a commencé à réglementer, et ce, jusqu'à la clôture définitive de la procédure. Le principe de la légalité, qui a force tout autant en procédure qu'en droit pénal de fond, est alors pleinement respecté.

3) Le principe de l'effet immédiat de la loi nouvelle

Par ce principe, les deux lois en conflit vont chacune avoir une ***période respective d'application***. La plus ancienne conduit la procédure jusqu'à l'entrée en vigueur de la nouvelle qui s'applique aussitôt, sans remettre en cause les actes déjà accomplis.

b) Les variations rencontrées

1) Les lois de compétence et d'organisation judiciaire

Le principe de l'application immédiate triomphe ici sans retenue. La règle est posée par l'article 112-2-1° du Code pénal. La solution paraît des plus fondées. Les lois de procédure ont assurément pour finalité première de permettre une meilleure administration de la justice. Il faut bien le constater, le principe de la légalité s'essouffle curieusement et perd de sa superbe dès qu'il franchit les grilles de la procédure.

2) Les lois de procédure stricto sensu

Mutatis mutandis, le principe de l'application immédiate s'impose également ici. Sous l'empire du code de 1810, la jurisprudence avait réservé le cas particulier des voies de recours. L'article 112-3 du nouveau code a confirmé cette particularité : « les recours sont soumis aux règles de forme en vigueur au jour où ils sont exercés ».

3) Les lois relatives à l'exécution des peines

Sous réserve de dispositions législatives contraires, la jurisprudence admettait en ce domaine le principe de l'application immédiate de la loi nouvelle. Que les dispositions nouvelles soient plus généreuses ou plus sévères ne changeait rien à ce bel élan. Interrogé sur la modification de la période de sûreté réalisée par la loi du 9 septembre 1986, le Conseil constitutionnel a singulièrement malmené la jurisprudence classique en affirmant que lorsque les modalités de l'exécution étaient prononcées par la juridiction de jugement, ces modalités ne concernaient pas l'exécution mais la déclaration de culpabilité. L'affirmation était loin d'être une pure clause de style puisqu'elle limitait l'application d'une disposition plus sévère aux seuls faits commis après l'entrée en vigueur de la loi nouvelle. Le nouveau Code pénal a poursuivi et dépassé le raisonnement puisque l'article 112-2-3° du Code pénal interdit l'application immédiate des dispositions plus sévères tant pour les lois relatives au régime de l'application des peines que pour celles relatives au régime de leur exécution. Toutefois, le législateur conserve la possibilité de prévoir expressément l'application immédiate de son texte.

4) *Les lois relatives à la prescription*

En alignant le régime des lois relatives à la prescription de l'action publique sur celui de la prescription des peines, le nouveau Code pénal avait repoussé le principe de l'application immédiate lorsque celle-ci aggravait la situation de la personne poursuivie. La limite est supprimée par la loi du 9 mars 2004 dite *Perben 2*.

Autrement dit, la loi nouvelle devient immédiatement applicable alors même qu'elle allonge le délai de prescription au détriment de la personne poursuivie.

	Principe applicable	Appréciations
Les lois de compétence et d'organisation	Application immédiate (art. 112-2-1°)	Voile le principe de la légalité
Les lois de procédure *stricto sensu*	Application immédiate	Exception pour les lois relatives aux voies de recours, sauf celles relatives à la forme du recours qui sont d'application immédiate (art. 112-3)
Les lois relatives à l'exécution des peines	L'article 112-2-3° interdit l'application immédiate des dispositions plus sévères tant pour les lois relatives au régime de l'application que pour celles relatives au régime de l'exécution des peines	Respect du principe de la légalité
Les lois relatives à la prescription de l'action publique ou de la peine (art. 112-2)	Application immédiate sous réserve que la prescription ne soit pas acquise	Tant que le dernier jour n'est pas atteint, le délinquant n'a aucun droit acquis à l'impunité : il n'est pas à l'abri d'une poursuite puisque des actes interruptifs peuvent intervenir

2 L'application de la loi pénale dans l'espace

■ *Les principes envisageables*

a) Le principe de la territorialité de la loi pénale

Par l'effet de ce principe, la loi pénale s'applique à tous les délinquants, quelle que soit leur nationalité ou celle de leur victime, qui ont commis une infraction sur le territoire de l'État dans lequel la loi est effectivement en vigueur. À l'inverse, le principe interdit que la même loi puisse avoir quelque effet en dehors de ce territoire. Malgré les avantages réels offerts, certaines zones d'ombre apparaissent aussitôt. Il peut être en effet difficile de cerner avec précision le lieu exact de l'infraction. On peut trouver encore plus singulier que l'auteur d'une infraction commise dans un État puisse trouver asile et tranquillité dans un État voisin.

b) Le principe de la personnalité de la loi pénale

La loi pénale ne s'applique qu'à l'égard de ses nationaux, qu'ils soient auteurs d'une infraction (on parle alors de ***personnalité active***) ou qu'ils en soient les victimes (on parle alors de ***personnalité passive***), et quel que soit le lieu de cette infraction.

c) Le principe de la compétence universelle de la loi pénale

L'universalité du droit de punir prime sur tout autre débat. La justice du lieu d'arrestation est compétente pour juger le délinquant, quelle que soit sa nationalité ou celle des victimes, quel que soit le lieu de l'infraction. À l'évidence, pour atteindre sa pleine maturité, le principe doit se nourrir d'une certaine communauté juridique entre les États.

■ *Les principes applicables*

a) Les infractions commises en France : l'application du principe de la territorialité

La référence est aujourd'hui clairement affirmée par l'article 113-2 du Code pénal « la loi pénale française est applicable aux infractions commises sur le territoire de la République ». Et le second alinéa n'hésite pas à étendre le raisonnement : « l'infraction est réputée commise sur le territoire de la République dès lors qu'un de ses faits constitutifs a eu lieu sur ce territoire ».

1) Les infractions commises sur le territoire

Depuis la loi constitutionnelle du 28 mars 2003, on distingue au sein du territoire de la République : la métropole, les départements et régions d'outre mer (Martinique, Guadeloupe, Guyane, Réunion, Mayotte), les collectivités d'outre mer (Polynésie française, îles Wallis-et-Futuna, Saint-Pierre-et-Miquelon) et une collectivité aux statuts particuliers (La Nouvelle-Calédonie). L'article 113-1 du Code pénal précise au surplus que « *le territoire de la République inclut les espaces maritimes et aériens qui lui sont liés* ».

2) Les infractions réputées commises sur le territoire

L'infraction est réputée, selon l'article 113-2 du Code pénal, commise sur le territoire dès lors qu'un de ses faits constitutifs a eu lieu sur ce territoire. Poursuivant la même démarche répressive, les dispositions de l'article 113-5 étendent la compétence et l'application de la loi pénale française au complice en France d'un crime ou d'un délit commis à l'étranger. Deux conditions sont toutefois nécessaires. La première, dite de ***réciprocité d'incrimination***, impose que le crime ou le délit soit puni tant par la loi française que par la loi étrangère. La seconde exige que le crime ou le délit ait été préalablement constaté par une décision définitive de la juridiction étrangère. De son côté, dans le silence du Code pénal, la Chambre criminelle (*Cass. crim., 30 oct. 2013*) a étendu l'application de notre droit pénal aux poursuites formées contre un étranger jugé complice d'une infraction principale commise en France. Circonstance singulière, cet étranger, agissant uniquement hors de France, n'avait dans son pays, commis aucune infraction.

Issu de la loi du 3 juin 2016 renforçant la lutte contre le crime organisé, l'article 113-2-1 du Code pénal étend à son tour le principe de territorialité de la loi pénale. Est ainsi réputé commis sur le territoire de la République, peu importe la nationalité de la victime, tout crime ou délit réalisé au moyen d'un réseau de communication électronique, lorsqu'il est tenté ou commis au préjudice d'une personne physique résidant sur le territoire de la République ou d'une personne morale dont le siège se situe sur le territoire de la République.

Le législateur étend encore l'application de la loi pénale aux infractions commises à bord ou à l'encontre des navires battant pavillon français ou d'aéronefs immatriculés en France, en quelque lieu qu'ils se soient trouvés. Depuis la loi de simplification du droit du 17 mai 2011, la compétence des juridictions françaises s'est encore élargie. Notre droit a vocation dorénavant à s'appliquer dès lors qu'une personne de nationalité française sera à bord d'un navire ou d'un aéronef (C. pén., art. 113-3, 133-4 et 113-11). De même, les juridictions territorialement compétentes pourront être celles, non seulement de l'atterrissage d'un aéronef, mais également celles du lieu de décollage ou de destination (CPP, art. 693).

b) Les infractions commises hors du territoire de la République

1) L'infraction commise par un Français

Tous les crimes et délits sont ici concernés. Pour les délits, l'article 113-6 alinéa 2 impose toutefois (excepté lorsque la victime est française) que les faits reprochés soient également répréhensibles par la législation du pays dans lequel ils ont été commis. La réciprocité est parfois abandonnée par le législateur. L'acte commis devient alors punissable en France alors même qu'il échapperait à toute répression dans le pays. C'est la solution initialement consacrée par les lois du 1er février 1994 et reprise par celle du 4 mars 2002 en matière de recours à la prostitution de mineurs ou de personnes particulièrement vulnérables (C. pén., art. 225-12-3). Dépassant le cadre de l'infraction commise par un français (le texte vise un français ou une personne résidant habituellement sur le territoire français), le nouvel article 113-13 du Code pénal, issu d'une loi du 21 décembre

2012, étend la compétence de la loi pénale française pour la poursuite de certains faits commis à l'étranger susceptibles d'être qualifiés de terroristes. L'origine du texte comme sa finalité ne font aucun doute. La curieuse logique, « un fait divers, une loi » est ici parfaitement illustrée. La loi du 21 décembre puise sa raison d'être dans la triste affaire « *Merah* ». L'article 113-13 a été introduit afin de pouvoir incriminer et poursuivre des personnes ayant, à l'étranger, participé à des camps d'entraînement qualifiés de « terroristes ».

2) L'infraction commise à l'encontre d'un Français

Le nouveau Code pénal a élargi le domaine de la compétence personnelle passive non seulement aux crimes, mais à tous les délits punis d'emprisonnement (presque tous le sont en pratique). La poursuite des délits ne peut être exercée qu'à la requête du Ministère public et lorsqu'elle aura été précédée d'une plainte de la victime ou d'une dénonciation officielle par l'autorité du pays où le fait a été commis. En respect du principe *non bis in idem*, aucune poursuite ne peut être exercée à l'encontre d'une personne justifiant qu'elle a déjà été jugée pour les faits ou, en cas de condamnation, lorsque la peine a été subie ou prescrite.

3) L'infraction commise par un étranger

La loi du 9 mars 2004, remaniée en 2013, en son volet sur l'extradition et l'entraide judiciaire internationale, a inséré un article 113-8-1 dans le Code pénal.

Selon ce dernier et sans préjudice de l'application des articles précédents, la loi pénale française est applicable à tout crime ou tout délit puni d'au moins cinq ans d'emprisonnement commis hors du territoire de la République par un étranger dont l'extradition a été refusée par les autorités françaises à un État requérant. Le motif du refus de l'extradition peut puiser sa source, toujours selon l'article, dans la peine encourue (jugée par exemple non conforme à l'ordre public français, tel est le cas de la peine capitale), dans les garanties (ici l'absence de garantie) fondamentales de procédure et de protection des droits de la défense ou enfin lorsque le fait reproché revêt le caractère d'infraction politique.

Plus récemment, la loi du 4 avril 2006 « sur la prévention et la répression des violences au sein du couple ou commises contre des mineurs » a ouvert la compétence pénale française pour les faits de proxénétisme commis à l'égard d'un mineur, lorsque l'auteur des faits, bien que n'étant pas de nationalité française, réside habituellement sur le territoire français.

4) L'infraction portant atteinte à des intérêts supérieurs français

La loi pénale s'applique aux crimes et délits qualifiés d'atteintes aux intérêts fondamentaux de la nation, à la falsification et à la contrefaçon du sceau de l'État, de pièces de monnaie, de billets de banque ou d'effets publics et à tout crime ou délit contre les agents ou les locaux diplomatiques ou consulaires français commis hors du territoire de la République. Le procédé vise à opérer en pratique une ***territorialité fictive***, ce qui revient à traiter l'infraction comme celle commise sur le territoire de la République.

5) L'infraction portant atteinte aux intérêts supérieurs de la communauté internationale

En présence d'infractions ou de menaces d'une particulière gravité « lésant la communauté internationale », le caractère universel des intérêts à protéger légitime le ***principe de l'universalité*** *du droit de punir*. Par ce principe, les juridictions de l'État sur le territoire duquel se trouve (même de façon passagère) le délinquant sont compétentes pour juger l'infraction sans considération du lieu de commission de l'infraction, de la nationalité des auteurs ou des victimes. Ici, la compétence n'est ni personnelle (active ou passive) ni réelle, elle est universelle. Toutefois, la compétence vaut seulement par une convention internationale et pour les infractions désignées par celle-ci.

Sont ainsi successivement visés aux articles 689-2 à 689-10 du Code de procédure pénale (CPP), les actes de torture, les actes de terrorisme, les actes contre les installations nucléaires ou à l'aide de matières nucléaires, les actes portant atteinte à la sécurité de la navigation maritime, les actes dirigés contre la sécurité de l'aviation civile et la capture illicite d'aéronefs, les actes illicites de violence dans les aéroports, la protection des intérêts financiers des Communautés européennes et la lutte contre la corruption impliquant des fonctionnaires « européens ». Pour l'application des normes communautaires relatives à l'harmonisation de certaines dispositions de la législation sociale dans le domaine des transports par route, une loi du 8 décembre 2009 a ajouté à cette liste un article 689-12 énonçant que « peut être poursuivie et jugée dans les conditions prévues à l'article 689-1 toute personne coupable d'infractions à la réglementation du temps de conduite et de repos au sens du chapitre II du même règlement commises dans un État de l'Union européenne ».

Quelques textes ont organisé de leur côté et dans leur domaine respectif des cas de compétence universelle. Il en va notamment ainsi des lois du 2 janvier 1995 et du 22 mai 1996 afin de permettre de juger en France les personnes présumées responsables des crimes commis en ex-Yougoslavie et au Rwanda.

De la responsabilité pénale

PARTIE 2

La nécessité d'une infraction

Chapitre 4

L'infraction, définie comme une action, suppose l'accomplissement d'un acte, c'est-à-dire un événement manifesté par une attitude extérieure. Sont donc exclues les simples pensées et les seules opinions. Pour gouverner les conduites et non les consciences, le droit pénal ne peut ignorer pour autant l'état d'esprit de la personne qui a matériellement commis les faits reprochés. Élément matériel et élément moral caractérisent donc ainsi l'infraction.

1 Les éléments de l'infraction

■ *Aperçu sur l'histoire des éléments de l'infraction*

Juridiquement, l'infraction ne peut exister, et ce indépendamment de toute référence à son auteur ou à la peine encourue, qu'à certaines conditions générales. Ces conditions révèlent en quelque sorte la structure interne de l'infraction et permettent de visualiser les différentes composantes de celle-ci. Ce découpage, à l'image d'un puzzle, répond, pour partie au moins, aux exigences du principe de l'interprétation stricte de la loi pénale. Ainsi, à suivre ce principe, le juge pénal est invité à examiner avec minutie chacun des éléments de l'acte poursuivi. On peut espérer alors qu'il ne soit pas tenté d'apprécier l'action du délinquant dans un mouvement général guidé par des sentiments personnels, des options morales ou politiques.

Inconnue de l'Ancien Droit, le découpage de l'infraction en différents éléments puise sa source à la veille de la Révolution mais c'est au début du XIXe siècle qu'un auteur notait « tout délit se compose de deux éléments : d'un fait qui en constitue la matérialité et de l'intention qui en détermine la moralité ». Quelques décennies plus tard, un autre auteur poursuivant cette dichotomie laissait sous-entendre, en parlant de faits justificatifs, que la loi pénale faisait partie intégrante de l'infraction. Ainsi, l'élément légal entrait en scène à son tour comme élément de l'infraction. Comme les éléments du triptyque n'ont pas été forgés dans un même instant : « les éléments matériel et moral sont jumeaux et l'élément légal est de loin leur cadet », il est possible alors que leur différence d'âge (près de cinquante années) explique, pour partie au moins, les divisions doctrinales d'aujourd'hui.

■ *Les principales présentations possibles de l'infraction*

La doctrine rivalise d'ingéniosité pour présenter l'infraction. Se croisent et décroisent au fil des ouvrages des présentations en quatre, trois ou deux éléments. Parmi les plus pertinents, on compte l'élément moral, l'élément matériel, l'élément légal, l'élément injuste, la présence d'un auteur ou encore celle d'une victime.

Il est tentant de prétendre inclure un grand nombre d'éléments. À retenir « tout ce qu'on trouve », on est presque certain de ne rien oublier, ou en tout cas, de ne pas oublier un élément important. Aussitôt apparaît l'inconvénient. La démarche est trop généreuse et tente d'inclure des éléments extérieurs à l'infraction, en l'absence desquels l'infraction peut tout de même parfaitement exister. Ainsi, la présence d'une victime n'est absolument pas nécessaire pour qu'une infraction soit retenue et il importe peu que l'auteur soit ou non identifié.

La même critique se forge à propos de l'élément injuste. Ce dernier relève que dans certaines situations l'infraction ne mérite pas d'être poursuivie soit que l'acte n'apparaisse pas antisocial, soit qu'il paraisse favorable à la société. On dit alors que l'infraction bénéficie d'un fait justificatif (le cas de la légitime défense illustre ce mouvement). Et certains de le noter, l'élément injuste est une sorte d'élément négatif qui réside dans l'absence de fait justificatif. Or, pour de nombreux auteurs l'étude des faits justificatifs se confond avec celle de l'élément légal ce qui exclu toute autonomie de l'élément injuste.

L'élément légal lui-même a été sérieusement contesté. L'élément légal ne peut et ne doit faire partie de l'infraction. Raisonner autrement serait inadmissible, car ce serait prétendre, comme le disait un auteur célèbre, qu'une norme (la loi pénale) puisse s'intégrer à un fait (l'infraction), et la chose est, par nature, impossible, *a fortiori* si le fait en question est illicite (ici, une infraction).

Aussi n'est-il pas surprenant que le couple originel élément moral/élément matériel retienne l'attention du plus grand nombre. Ainsi, on peut lire que les deux seuls éléments constitutifs de toute infraction pénale sont l'élément matériel (le fait considéré en soi) et l'élément moral (la culpabilité de l'agent). Au premier regard, cette version paraît bien fondée. Pourtant la difficulté apparaît lorsqu'il s'agit de définir les causes de justification (les faits justificatifs). On se rend bien compte qu'en présence d'un fait justificatif, et malgré la présence inchangée de l'élément matériel, l'infraction disparaît, en raison d'un élément spécifiquement légal. Tenant compte de cette dernière remarque, quelques auteurs ont, de longue date, imaginé un palliatif. À la vérité, le palliatif a des avant-goûts d'artifices puisque la notion d'élément légal est abandonnée au profit de celle de « préalable légal ». Toute la subtilité est là. La loi existait avant l'infraction, elle lui est concomitante et au surplus elle lui survivra. L'observateur est alors rassuré et pense en avoir terminé avec toutes ces subtilités. Une place est trouvée à l'élément injuste (plutôt avec l'élément légal), cet élément légal devient préalable légal (la critique formulée plus haut est effacée : « la norme ne s'intègre pas au fait ») et l'élément matériel comme l'élément moral (les plus anciens) demeurent au centre du débat, au cœur de l'infraction.

2 L'élément matériel

■ *L'acte*

a) L'exigence de l'acte

L'article 121-1 du nouveau Code pénal est des plus expressifs : « nul n'est responsable pénalement que de son propre fait ». La référence à la matérialité de l'infraction est ici nettement affichée. Parfois, on fait valoir que le législateur doit également intervenir pour prévenir de simples comportements dangereux. La nécessité de la prévention (qui s'adresse au futur) contrarie alors la limitation du droit pénal à la seule conduite (qui se rattache au passé). Le plus souvent, cette avancée de la répression sert le bien social. La prohibition du port d'arme et de la conduite sous l'empire d'un état alcoolique répond, par exemple, de cette logique.

1) L'infraction de commission

L'infraction de commission consiste à commettre positivement un acte prohibé par la loi pénale. Il en va ainsi dans la majeure partie des situations. La loi réprime alors un ***comportement physique*** tel que des coups portés, une parole prononcée ou encore une lettre envoyée.

2) Les infractions de pure omission

Par l'infraction d'omission, le législateur réprime un comportement, indépendamment des conséquences qu'il a pu engendrer. Peuvent être ainsi dénommées la non-dénonciation d'un crime, l'omission de porter secours à une personne en péril ou de témoigner en faveur d'un innocent, l'abstention de combattre un sinistre ou encore l'omission pour un parent ou le gardien d'un enfant, en dépit d'une mise en demeure, d'inscrire celui-ci dans un établissement scolaire.

b) Les modes de réalisation de l'acte

1) Les infractions simples, les infractions complexes et les infractions d'habitude

L'infraction simple se réalise par l'accomplissement d'un seul acte matériel. Un seul coup de feu suffit pour commettre un meurtre. À l'inverse, l'infraction complexe sous-entend l'accomplissement de plusieurs actes matériels concourant à une fin unique : la réalisation entière de l'infraction. Ainsi, l'escroquerie se réalise complètement par l'utilisation de moyens frauduleux et par la remise de la chose convoitée. Les actes sont ici de nature différente. Lorsque la répétition d'actes identiques est exigée, on parle d'infraction d'habitude. L'infraction n'existe alors qu'à partir du moment où l'acte est répété. C'est le cas, par exemple, des « menaces de mort » ou plus exactement des menaces réitérées de commettre un crime ou un délit contre les personnes.

2) Les infractions instantanées, permanentes et continues

L'infraction instantanée se réalise en « un trait de temps ». Peu importe la durée des agissements meurtriers, le meurtre ne se réalise qu'avec la mort de la victime. Lorsque les effets de l'infraction se prolongent dans le temps, la doctrine parle d'infraction permanente. Contrairement aux infractions permanentes qui restent instantanées, d'autres infractions se prolongeant dans le temps révèlent une volonté réitérée de l'auteur. La doctrine les nomme infractions continues ou successives. Le législateur incrimine alors non plus un acte isolé, mais la persistance d'une situation illégale.

3) Les intérêts de ces distinctions

La compétence territoriale est au cœur de ces distinctions. L'infraction complexe comme l'infraction d'habitude peuvent très bien être éclatées dans l'espace. Plusieurs juridictions nationales ou étrangères peuvent être alors en concurrence. S'ajoutent des questions de prescription de l'action publique. On le sait, la prescription court à compter de la réalisation de l'infraction. Point de discussion donc pour l'infraction instantanée (réserve faite pour les infractions occultes ou dissimulées). Réalisée, elle déclenche le sablier du temps qui passe. Pour l'infraction continue, on retarde au contraire la course du temps. Le point de départ de la prescription est suspendu jusqu'au moment où l'infraction prend fin. Ainsi, tant que le receleur conserve la chose volée, il bloque le point de départ de la prescription et peut être poursuivi.

Le résultat

a) De l'exigence à l'indifférence de résultat

Lorsque le résultat est exigé, on parle d'***infraction matérielle***. En réalité, la majeure partie des infractions sont des infractions matérielles. Le bon sens conduit le plus souvent la démarche. Il paraît singulier de parler de meurtre tant que la victime est vivante.

Parfois, le résultat, au contraire, indiffère. On parle alors d'***infraction formelle***. L'infraction formelle est consommée indépendamment du résultat qu'elle pourrait éventuellement atteindre. Lorsqu'il en est ainsi, ***le législateur incrimine, à titre principal, une tentative***. L'exemple le plus significatif est assurément celui de l'empoisonnement : « le fait d'attenter à la vie d'autrui par l'emploi ou l'administration de substances de nature à entraîner la mort constitue un empoisonnement ». Il n'est nullement exigé que l'empoisonnement ait causé la mort. L'incrimination repose à part entière sur « le fait d'attenter à la vie d'autrui ».

b) La tentative

Selon les mots du recteur Lombois, la tentative est une action coupable, destinée à la réalisation d'une infraction, mais qui n'accomplit pas l'intégralité de ses éléments constitutifs. Elle se situe sur la trajectoire de l'infraction, ce que la doctrine nomme l'« *iter criminis* ». Toute la difficulté réside dans l'appréciation du moment qui va rendre la tentative punissable. Pour le Code pénal, « la tentative est constituée dès lors que, manifestée par un commencement d'exécution, elle n'a été suspendue ou n'a manqué son effet qu'en raison de circonstances indépendantes de la volonté de son auteur ».

1) Le commencement d'exécution

Pour les uns, la tentative ne peut être punissable que si l'individu, arrêté dans son élan, a déjà accompli un des actes entrant dans la définition légale de l'infraction. Pour d'autres, seul l'état d'esprit de l'agent doit gouverner le raisonnement. Le commencement d'exécution est alors caractérisé dès que l'agent a manifesté irrévocablement l'intention de commettre l'infraction.

En pratique, les magistrats relèvent une multitude de situations traduisant ce commencement d'exécution. Bien souvent, l'analyse des faits légitime la décision. Ainsi, le fait de scier les barreaux de sa cellule constitue un commencement d'exécution d'évasion. Parfois, au contraire, l'observateur est troublé par l'indulgence ou la sévérité retenue par les magistrats. L'affaire *Lacour* traduit assez bien cette indulgence incomprise. Il fut jugé que le fait de remettre de l'argent à un individu, chargé en échange de tuer une victime désignée, n'avait pas pour « conséquence directe et immédiate » la consommation d'un crime. En l'espèce, le candidat tueur à gages n'ayant pas honoré son « contrat », le payeur (le sieur Lacour) ne pouvait être reconnu responsable d'aucune infraction. Au contraire, certaines décisions traduisent une réelle sévérité des juges qui se fonde alors sur l'intime conviction de ces derniers.

2) L'absence de désistement volontaire

En accordant l'impunité des actes d'exécution déjà accomplis, le législateur espère encourager le désistement volontaire. Plusieurs conditions sont toutefois exigées. L'indulgence législative ne concerne pas les actes qui, de façon autonome, constituent une infraction. Ainsi, le braqueur de banque, qui renonce en chemin à son méfait, reste punissable du vol de la voiture dérobée pour l'occasion. De plus, le désistement doit être antérieur à la consommation de l'infraction. Enfin, c'est le point le plus important, le désistement doit être volontaire. À défaut, la tentative reste punissable. Entre les deux se dessine une zone d'incertitudes dans laquelle les magistrats peuvent éprouver les plus grands doutes pour qualifier le caractère réel du désistement. En pratique, la voie répressive est souvent suivie.

c) Les notions d'infraction manquée et d'infraction impossible

Dans un juste souci de répression, le Code pénal considère constituée la tentative qui a « manqué son effet ». Somme toute, si l'infraction a été manquée, les actes constitutifs de l'infraction ont bel et bien été accomplis. Seules des circonstances indépendantes de la volonté de l'auteur ont empêché le résultat qu'il espérait.

On utilise l'expression « infraction impossible » pour définir des situations dans lesquelles l'infraction ne pouvait aboutir. La main du pickpocket « rencontre » une poche totalement vide. Ce genre de situation serait plutôt cocasse si elle ne révélait pas la dangerosité sociale de l'auteur. Aussi, la répression de la tentative se comprend aisément. Le juriste n'en reste pas moins parfois quelque peu perplexe devant certaines interrogations doctrinales. Témoin la note sous l'affaire Perderau qui commence par cette brutale interrogation : « Peut-on tuer un cadavre ? ». Si les mots s'entrechoquent au premier abord, la logique du raisonnement conduit à reformuler l'interrogation pour que les choses rentrent dans l'ordre. Et fort logiquement, il convient de répondre par l'affirmative. Oui, ici, on peut tenter de tuer un cadavre. Après tout, en présence d'un commencement d'exécution et faute de désistement, la tentative est constituée et devient donc punissable. Pour de nombreux auteurs, il n'y a aucune raison logique pour en décider autrement. Et la Cour de cassation d'affirmer en 1986 : « il n'importe, pour que soit caractérisée la tentative d'homicide volontaire, que la victime fût déjà décédée, cette circonstance étant indépendante de la volonté de l'auteur ».

Condition de la tentative punissable

Idée criminelle	Acte préparatoire	Commencement d'exécution	Désistement	Infraction	Punissable/non punissable
oui	non	non	non	non	non punissable
oui	oui	non	non	non	non punissable
oui	oui	oui	Volontaire	non	non punissable
oui	oui	oui	Absence	Interrompue	punissable
oui	oui	oui	Absence	Manquée (maladresse)	punissable
oui	oui	oui	Absence	Impossible	punissable

3 L'élément moral

L'élément moral de l'infraction, certains préfèrent parler de l'***élément intentionnel***, se confond avec la notion de ***faute pénale***. En réalité, si la culpabilité suppose bien l'existence d'une faute (intentionnelle ou non), il faut aussi que cette faute puisse être imputée au compte de celui qui l'a commise. ***La responsabilité pénale est donc faite d'imputabilité et de culpabilité***. Comme l'a noté Y. Mayaud, la première renvoie à la dimension philosophique de la matière, pour ce qu'elle suppose de libre arbitre et de discernement, la seconde présente un aspect plus technique par la prise en compte des différences de psychologie qui sont à la source des comportements.

■ *L'imputabilité*

L'imputabilité dévoile une interrogation sur l'existence chez l'auteur d'une conscience et d'une volonté libre. Le débat, qui pourrait sembler au premier abord accaparé par de banales questions de preuve, s'oriente alors inexorablement vers des questions plus philosophiques comme celles de la liberté et du libre arbitre.

Alors que ces questions comptent assurément parmi les plus importantes du droit pénal, le législateur se contente ici de singulières présomptions. En pratique, l'exigence d'imputabilité va donc révéler toute son importance par ses conséquences négatives. Ainsi, preuves à l'appui, lorsque la conscience ou la volonté vont faire défaut, le juge sera invité à repenser la question de l'imputabilité et, le cas échéant, à retenir des causes de non-imputabilité. Derrière cette référence aux causes de non-imputabilité se profile l'idée que, tout en étant objectivement criminel, l'acte n'est subjectivement pas imputable à son auteur.

■ La culpabilité

En cinq alinéas, l'article 121-3 du Code pénal, remodelé par la loi du 10 juillet 2000, tente de préciser l'une des questions les plus délicates du droit pénal : « Il n'y a point de crime ou délit sans intention de le commettre.

Toutefois, lorsque la loi le prévoit, il y a délit en cas de mise en danger délibérée de la personne d'autrui.

Il y a également délit, lorsque la loi le prévoit, en cas de faute d'imprudence, de négligence ou de manquement à une obligation de prudence ou de sécurité prévue par la loi ou le règlement, s'il est établi que l'auteur des faits n'a pas accompli les diligences normales compte tenu, le cas échéant, de la nature de ses missions ou de ses fonctions, de ses compétences ainsi que du pouvoir et des moyens dont il disposait.

Dans le cas prévu par l'alinéa qui précède, les personnes physiques qui n'ont pas causé directement le dommage, mais qui ont créé ou contribué à créer la situation qui a permis la réalisation du dommage ou qui n'ont pas pris les mesures permettant de l'éviter, sont responsables pénalement s'il est établi qu'elles ont, soit violé de façon manifestement délibérée une obligation particulière de prudence ou de sécurité prévue par la loi ou le règlement, soit commis une faute caractérisée et qui exposait autrui à un risque d'une particulière gravité qu'elles ne pouvaient ignorer.

Il n'y a point de contravention en cas de force majeure ».

a) La faute intentionnelle : le dol

1) Le dol général

Faute de précisions législatives, le dol est défini comme la volonté de commettre un acte que l'on sait être interdit. La notion sous-entend donc un double caractère, à savoir la ***connaissance de l'interdiction*** et la ***volonté de commettre*** tout de même l'acte. Volonté et conscience se retrouvent donc nécessairement dans toutes les infractions intentionnelles. Le dol est en somme le « plus petit dénominateur commun » des infractions intentionnelles.

2) Le dol spécial

Certaines infractions ne se suffisent pas d'un dol général et nécessitent une donnée psychologique supplémentaire nommée « dol spécial ». Ce dol spécial va notamment permettre de choisir une qualification face à un fait matériel unique. Ainsi, par exemple, lorsqu'un coup de couteau mortel est donné, le dol spécial va permettre de retenir un assassinat (en cas de préméditation), un meurtre, voire de simples violences ayant entraîné la mort sans intention de la donner. La distinction est à la mesure des sanctions encourues : perpétuité pour le premier cas de figure, trente ans pour le second et quinze ans pour le dernier.

3) Le dol aggravé

À l'inverse du dol simple qui se caractérise par une détermination « quasi immédiate et spontanée », le dol aggravé ***révèle une intention préméditée***. C'est toute la différence entre le meurtre et l'assassinat. Le législateur, jouant des circonstances, module la sanction maximale qu'il prétend voir prononcer – trente ans pour le meurtre, réclusion criminelle à perpétuité pour l'assassinat. Derrière cette « aggravation » de la peine se profile assurément la volonté de tenir compte des desseins particulièrement blâmables de certains auteurs. La référence au mobile est ici extrêmement présente.

4) Le dol praeterintentionnel

Il arrive parfois que le résultat de l'infraction dépasse les intentions et les prévisions de son auteur, on parle alors de « dol praeterintentionnel » (ou ***dol dépassé***). Si l'agent a bien recherché l'acte, il n'en a pas voulu toutes les conséquences. C'est l'hypothèse classique de celui qui tue sa victime alors qu'il entendait seulement la blesser. La répression doit-elle alors se fonder sur la volonté ou sur le résultat ? La réponse est importante. D'un côté, à retenir seulement les coups, on peut imaginer une certaine indulgence des textes et une qualification délictuelle. De l'autre, face au décès de la victime, on peut redouter une réelle sévérité et une qualification criminelle. Le législateur, selon les hypothèses, oscille entre la voie de la sévérité et celle du compromis. Sur la voie de la sévérité, il punit par exemple de la réclusion criminelle à perpétuité celui qui, ayant incendié un bien appartenant à autrui, a entraîné la mort d'autrui. Sur la voie du compromis, on a noté que les violences ayant entraîné la mort sans intention de la donner sont punies de quinze ans de réclusion criminelle. Cette peine correspond à la transition entre les trente années encourues pour un meurtre et les trois ans d'emprisonnement encourus pour de simples violences.

5) Le dol indéterminé

On parle de dol indéterminé, ou encore de ***dol imprécis***, lorsque l'agent a voulu un acte, en a cherché le résultat mais n'a pu en mesurer avec certitude les conséquences précises. Telle est la situation de celui qui porte des coups dans le but de blesser un tiers. En quelque sorte, le préjudice va dépendre de la force des coups mais aussi de la capacité de la victime à les encaisser. Ecchymoses ou blessures plus importantes, le résultat ne va pas rester sans influence sur la qualification de l'acte.

b) La faute non intentionnelle

1) La mise en danger délibérée de la personne d'autrui

Selon les termes de l'article 223-1 du Code pénal, « le fait d'exposer directement autrui à un risque immédiat de mort ou de blessures de nature à entraîner une mutilation ou une infirmité permanente par la violation manifestement délibérée d'une obligation particulière de sécurité ou de prudence imposée par la loi ou le règlement est puni d'un emprisonnement et de 15 000 euros d'amende ». Sans aucune référence au résultat, le comportement de mise en danger constitue un ***délit assorti d'une peine d'emprisonnement***. Accueillie favorablement par les juridictions, cette innovation du Code pénal semble aujourd'hui envahir tous les domaines et les secteurs d'activité.

Parfois, lorsque les circonstances de l'infraction font qu'une réponse pénale plus répressive s'avère nécessaire, la mise en danger perd son autonomie pour devenir une véritable ***circonstance aggravante d'un délit d'imprudence***. Ainsi, l'homicide involontaire, puni habituellement de trois ans d'emprisonnement, voit sa peine portée à cinq ans « en cas de manquement délibéré à une obligation de sécurité ou de prudence imposée par la loi ou les règlements ».

2) L'imprudence et la négligence

Lorsqu'il entend reprocher à une personne de ne pas avoir su prévenir ou empêcher un dommage, le législateur utilise indifféremment les notions d'imprudence, de négligence, d'inattention, de manquement à une obligation de sécurité ou de prudence, voire de mise en danger délibérée. Pour sa part, la doctrine distingue « l'imprévoyance consciente » de « l'imprévoyance inconsciente ». Dans un cas comme dans l'autre, l'imprévoyance doit être regardée comme une faute. S'il y a bien défaut d'intention criminelle, ***il n'y a pas défaut de volonté***. L'acte qui est marqué d'imprudence ou de négligence peut très bien résulter d'une intention volontaire. Ainsi, l'automobiliste a volontairement dépassé le véhicule qui le précédait avant d'entrer en collision avec un autre arrivant en sens inverse. Le dépassement est bien volontaire. Mais à l'évidence, l'intention n'était pas de provoquer un accident. Cette imprévoyance ne peut en aucun cas l'exonérer de sa responsabilité pénale puisque, justement, il lui est reproché d'avoir commis cette imprudence.

La doctrine a longtemps considéré que la faute d'imprudence ou de négligence devait être appréciée ***in abstracto*** par le juge pénal. Selon cette conception, le juge devait se contenter de viser un comportement animé des plus hautes vertus, sans se soucier des circonstances extérieures ayant pu peser sur le comportement de l'agent. Alors que le nouveau Code pénal semblait poursuivre cette conception, la réécriture de l'article 121-3 du Code pénal par la loi du 13 mai 1996 consacrait, non sans mérite, l'appréciation ***in concreto*** en écartant la faute lorsque « l'auteur des faits a accompli les diligences normales compte tenu, le cas échéant, de la nature de ses missions ou de ses fonctions, de ses compétences ainsi que du pouvoir et des moyens dont il disposait ».

Réformé, le texte permettait toujours des poursuites et des condamnations que d'aucuns jugeaient souvent inéquitables. Animé par le souci d'éviter ce genre de condamnations, la nouvelle rédaction de l'article 121-3 du Code pénal issue de la loi du 10 juillet 2000 tente, une nouvelle fois, de poser les règles permettant d'atteindre cet objectif tout en évitant de favoriser trop de décisions de relaxe ou de non-lieu que d'autres ne manqueraient pas de dénoncer. Le troisième alinéa de l'article 121-3 est effacé au profit des deux alinéas suivants :

« Il y a également délit, lorsque la loi le prévoit, en cas de faute d'imprudence, de négligence ou de manquement à une obligation de prudence ou de sécurité prévue par la loi ou le règlement, s'il est établi que l'auteur des faits n'a pas accompli les diligences normales compte tenu, le cas échéant, de la nature de ses missions ou de ses fonctions, de ses compétences ainsi que du pouvoir et des moyens dont il disposait.

Dans le cas prévu par l'alinéa qui précède, les personnes physiques qui n'ont pas causé directement le dommage, mais qui ont créé ou contribué à créer la situation qui a permis la réalisation du dommage ou qui n'ont pas pris les mesures permettant de l'éviter, sont responsables pénalement s'il est établi qu'elles ont, soit violé de façon manifestement délibérée une obligation particulière de prudence ou de sécurité prévue par la loi ou le règlement, soit commis une faute caractérisée et qui exposait autrui à un risque d'une particulière gravité qu'elles ne pouvaient ignorer ».

La nouvelle rédaction combine donc les hypothèses de lien de causalité direct et de lien de causalité indirect entre la faute et le dommage.

- LES HYPOTHÈSES DE LIEN DE CAUSALITÉ DIRECT

Trois points sont à marquer ici du sceau de la nouveauté :

– tout d'abord, chacun l'a remarqué, l'article introduit le mot « faute ». L'imprudence, la négligence ou les manquements qui gouvernent les infractions non intentionnelles doivent constituer une faute ;

– ensuite, le texte vise maintenant « le règlement » et non plus « les règlements ». À la vérité, si les circulaires et autres textes infra-réglementaires sont donc exclus, on sait que tout manquement à une réglementation de sécurité constitue bel et bien une imprudence ou une négligence quelle que soit son origine ;

– enfin, l'obligation, mise en avant depuis 1996, d'apprécier *in concreto* la faute d'imprudence se réfère au principe de la présomption d'innocence. Hier, il y avait faute « sauf si » l'auteur des faits établissait avoir accompli les diligences normales. Aujourd'hui, la charge de la preuve pèse pleinement sur l'accusation : la faute existera « s'il est établi » que l'auteur des faits n'a pas accompli les diligences normales.

- Les hypothèses de lien de causalité indirect

Elles constituent l'un des éléments fondamentaux de la réforme. Toute la philosophie du nouveau texte s'appuie sur la nature de la faute qui est désormais exigée en cas de causalité indirecte.

Deux cas de figure sont à distinguer. Ils révèlent les deux visages de la faute qualifiée : la faute délibérée et la faute caractérisée :

– le premier est simple. Il vise la notion doctrinale « d'auteur indirect ». L'auteur, sans avoir directement causé le dommage, ***a créé ou contribué à créer la situation*** qui a permis la réalisation du dommage. Telle est la situation de celui qui a violé, de façon manifestement ***délibérée***, une obligation particulière de prudence ou de sécurité prévue par la loi ou le règlement ;

– le second cas de figure est assurément plus complexe. Il vise la notion doctrinale « d'auteur médiat ». L'auteur, sans avoir directement causé le dommage, ***n'a pas pris les mesures permettant d'éviter la réalisation*** du dommage.

Dans ce dernier cas, et à la différence de la législation antérieure, la poursuite de l'auteur ne sera possible qui si les trois conditions posées par le code sont réunies : le comportement de l'auteur doit constituer ***une faute caractérisée***, ce comportement doit avoir exposé autrui à un risque d'une particulière gravité, l'auteur ne pouvait ignorer ce risque (autrement dit, le dommage devait être prévisible).

Afin de garantir le droit des victimes, l'article 2 de la loi du 10 juillet 2000 a pris grand soin de préciser que « l'absence de faute pénale non intentionnelle au sens de l'article 121-3 du Code pénal ne fait pas obstacle à l'exercice d'une action devant les juridictions civiles afin d'obtenir la réparation d'un dommage sur le fondement de l'article 1383 du Code civil si l'existence de la faute inexcusable prévue par cet article est établie ». Telle est l'exacte formulation de l'article 4-1 du Code de procédure pénale. De même, à certaines conditions et pour des infractions non intentionnelles, la juridiction pénale pourra allouer des dommages et intérêts au civil malgré une décision de relaxe.

La présence d'un auteur

Chapitre 5

Jusqu'à l'entrée en vigueur du nouveau Code pénal, l'auteur était une personne physique. L'histoire le rappelle pourtant, et les détails entraînent les plus grands murmures dans les amphithéâtres, les choses et les animaux pouvaient jadis être poursuivis, jugés et condamnés. Si le temps des procès des animaux est révolu, l'évolution continue puisqu'aujourd'hui la responsabilité pénale des personnes morales côtoie celle des personnes physiques.

1 L'auteur, personne physique

Toute infraction suppose la présence d'un auteur, un sujet à qui l'on peut imputer, tant matériellement que moralement, les faits reprochés.

■ *Le caractère personnel de la responsabilité pénale*

Chacun connaît la formule de Loysel : « en crime, il n'y a pas de garant ». En vertu de ce principe, aucune poursuite ne peut être engagée, *a fortiori* aucune sanction prononcée, contre un individu qui n'a en rien participé, matériellement et moralement, à une infraction. Malgré sa très haute valeur, le principe, souvent rappelé par la jurisprudence, n'était pas expressément inscrit dans le Code pénal de 1810. Cette lacune est aujourd'hui comblée par le nouveau code qui énonce sans retenue à l'article 121-1 « nul n'est responsable pénalement que de son propre fait ».

■ *Les incidences du fait d'autrui sur la responsabilité pénale*

À l'inverse des théories civilistes qui font parfois peser la responsabilité d'un dommage sur une personne qui n'en est pas l'auteur, le droit pénal ne reconnaît pas la responsabilité pour le fait d'autrui. Mais le Rubicon est parfois vite franchi et le droit pénal s'aventure de temps à autre sur des terres qui lui sont normalement étrangères. Apparaît alors l'idée que pour être entièrement exonéré de sa responsabilité, l'auteur, lorsqu'il n'a pas personnellement participé à l'infraction, doit être également ***moralement irresponsable***. Il arrive que derrière l'auteur matériel de l'infraction, se trouve une personne qui, sans y avoir matériellement participé, en a facilité la commission. Cette culpabilité « morale », comme on la désigne parfois, a élu un domicile privilégié dans le cadre de l'entreprise.

On reproche alors à cette personne de ne pas avoir pris toutes les précautions ou les dispositions qui s'imposaient. À la vérité, l'expression « responsable du fait d'autrui » est trompeuse car c'est bien uniquement pour sa propre faute que le dirigeant est poursuivi. En pratique, la faute du dirigeant est le plus souvent présumée. Il s'ensuit un véritable renversement de la charge de la preuve. En certains domaines, le législateur a dû intervenir pour exiger que soit constatée « la faute personnelle » du dirigeant. Libre alors à celui-ci de prouver qu'il n'a commis aucune faute. La seule échappatoire réside alors dans la délégation de pouvoirs. Encore faut-il, pour que la délégation soit salvatrice, que le délégué ait effectivement les compétences et l'autorité requises pour assurer les missions qui lui sont confiées. Ce qui implique des aptitudes techniques et une certaine autonomie.

En ce domaine particulier, il serait assez illusoire de penser que la loi du 10 juillet 2000 ait modifié quelque peu la donne. Si la loi exige bel et bien, en cas de causalité indirecte entre la faute et le dommage, une faute « délibérée » ou « caractérisée », l'exigence ne semble guère pouvoir être analysée ici comme une échappatoire à toute forme de responsabilité pénale. Il restera en effet bien difficile au chef d'entreprise de démontrer qu'il ignorait le risque résultant d'un manquement aux prescriptions qu'il devait faire respecter.

2 Le complice

Selon les dispositions du Code pénal, la répression de la complicité est soumise à deux conditions : un fait principal punissable et un acte de complicité.

La nécessité d'un fait principal punissable

a) Le principe de l'emprunt de criminalité

Le complice ne commet pas une infraction autonome, il emprunte sa propre criminalité à celle de l'auteur principal. Selon la célèbre expression du doyen Carbonnier, auteur et complice « sont cousus dans le même sac ». En évoquant le « complice d'un crime ou d'un délit », le code vise tous les crimes et tous les délits. Pour les contraventions, il faut distinguer la complicité par aide ou assistance (réprimée lorsqu'elle est prévue par un texte) de la complicité par instigation (réprimée même en l'absence de texte spécifique, contrairement aux principes dégagés hier par la jurisprudence). L'acte de complicité étant rattaché au fait principal punissable, et non à l'auteur de l'infraction, l'absence de répression de ce dernier est donc sans incidence sur la poursuite du complice. L'hypothèse se vérifie, par exemple, chaque fois que l'auteur principal échappe aux poursuites pour une cause subjective d'irresponsabilité. Ainsi, le complice majeur répondra seul de l'infraction commise avec un mineur jugé non capable de discernement.

b) Le principe de l'assimilation du complice à l'auteur principal

Le Code de 1810 copiait la répression du complice sur celle de l'auteur principal en annonçant que les complices seraient punis de « la même peine que les auteurs ». On parlait alors de l'emprunt de pénalité. Comme la référence devenait difficilement conciliable avec la mise en œuvre de la responsabilité des personnes morales, le code énonce aujourd'hui que le complice « sera puni comme auteur ». La nouvelle formule ne signifie nullement que le complice sera puni comme l'auteur principal de l'infraction, mais bien qu'il sera puni comme s'il avait été lui-même cet auteur principal.

La nécessité d'un acte de complicité

a) Les différentes formes de la complicité

1) L'aide ou l'assistance

Est complice d'un crime ou d'un délit, dit l'article 121-7 du Code pénal, « la personne qui sciemment, par aide ou assistance, en a facilité la préparation ou la consommation ». Il est difficile d'être plus généreux et plus évasif tant est immense le champ couvert par les deux notions. À voir si malmené le principe de la légalité, on se rassurera en notant que l'aide et l'assistance ne sont répréhensibles que si la complicité s'analyse en un ***acte positif proposé antérieurement ou concomitamment à l'infraction principale***.

Régulièrement la jurisprudence rappelle que l'utilisation effective de l'aide ou de l'assistance fournie importe peu. La répression de la complicité ne dépend donc pas des suites données par l'auteur principal. Il n'est pas rare que les juges du fond considèrent qu'une attitude passive puisse caractériser un acte de complicité. Le douanier du roman qui acceptait de « fermer les yeux » illustrait parfaitement cette situation.

En revanche, puisque l'acte doit faciliter « la préparation ou la consommation » de l'infraction, l'aide ou l'assistance postérieure à l'infraction principale ne peut être retenue comme un acte de complicité. Encore faut-il, pour qu'il en soit ainsi, que l'aide ou l'assistance fournie après la réalisation de l'infraction n'ait pas été promise avant la réalisation de celle-ci.

Parfois, la répression du complice puise sa source dans de nouvelles dispositions législatives. Tel est le cas, depuis une loi de mars 2007, du nouvel article 222-33-3 du Code pénal. Cet article, prenant actes de quelques faits divers assez déplaisants, vise à réprimer la pratique du « happy slapping » qui consiste pour des individus, souvent assez jeunes, à agresser, sans raison, des passants pendant qu'« un ami ou plusieurs amis » filment la scène avec leur téléphone portable. Sous la plume du législateur, les amis en question se transforment en véritables « complices » – complices par abstention, certes, mais complices à part entière. L'article ajoute, sans ambiguïté aucune, que le fait de diffuser l'enregistrement de telles images est puni de cinq ans d'emprisonnement et de 75 000 euros d'amende.

2) La complicité par provocation

Est également complice, souligne le code, la personne qui par don, promesse, menace, ordre, abus d'autorité ou de pouvoir aura provoqué une infraction. Le provocateur est donc celui qui ***incite,*** par les procédés expressément prévus, l'auteur à commettre une infraction. Toutefois, en principe, la provocation n'endossera le vêtement de la complicité qu'à la double condition d'avoir été suffisamment précise et suivie d'effets.

3) La complicité par instruction

À l'inverse du provocateur, l'instructeur n'exerce pas de pression sur l'auteur principal. Il se contente de lui ***donner des renseignements utiles*** à la conduite de l'infraction. La formule ne se satisfait pas de vagues renseignements et la Chambre criminelle exige que les renseignements donnés soient suffisamment précis. L'exigence est remplie à l'égard de celui qui a fourni un plan d'évasion à un détenu.

b) L'élément moral de la complicité

L'élément intellectuel de la complicité est nécessairement intentionnel. Le complice doit non seulement avoir connaissance de l'infraction envisagée mais également la volonté de s'y associer. Le code le définit d'ailleurs comme la personne qui a participé « sciemment » à l'infraction principale. Ainsi, celui qui prête sa voiture en ignorant que le conducteur va l'utiliser dans un vol reste étranger à l'infraction.

Il arrive toutefois qu'un décalage se produise entre l'infraction initialement projetée et celle effectivement réalisée. Face à cette discordance, la responsabilité du complice prend alors une autre dimension. Ainsi, lorsque l'auteur principal utilise une arme et transforme le vol simple en vol aggravé, le complice supporte l'aggravation alors même qu'il ignorait totalement la présence de l'arme. En revanche, si l'infraction commise est sans rapport avec l'infraction envisagée, « le complice » échappe à la répression.

Délaissant cette grille de lecture, la Chambre criminelle s'est engagée sur une voie conduisant à retenir une complicité pour des délits non intentionnels. Ainsi a été retenue la complicité d'un passager pour l'infraction de mise en danger d'autrui reprochée à son chauffeur ou encore la complicité d'un médecin condamné pour violences involontaires en raison de faits commis par une employée lors d'une séance d'épilation au laser.

Condition de la complicité punissable

Nature de l'infraction	Mode de complicité	Répression de la complicité
Crimes	Quel que soit le mode de complicité	Toujours punissable
Délits	Quel que soit le mode de complicité	Toujours punissable
Contraventions	Par aide ou assistance	Punissable si prévue par un texte
Contraventions	Par instigation	Punissable même en l'absence de texte spécifique

3 L'auteur, personne morale

D'aucuns n'ont pas hésité à considérer la responsabilité pénale des personnes morales comme l'innovation « la plus remarquable » du nouveau code. La légitimité de l'intervention de l'État en ce domaine est telle que l'immunité d'hier paraissait des plus choquantes. Par les moyens dont elles disposent, les personnes morales sont en effet souvent à l'origine d'atteintes graves à la santé publique, à l'environnement ou encore à la législation sociale.

■ *Le domaine de la responsabilité pénale des personnes morales*

a) Les personnes morales concernées

En visant expressément « les personnes morales », l'article 121-2 du Code pénal écarte de son domaine d'application toutes les formes de groupements dépourvues de la personnalité morale. Échappent donc, en tant que telles, à toute responsabilité pénale les sociétés créées de fait ou les sociétés en participation.

1) Les personnes morales de droit privé

Qu'elles aient vocation ou non à dégager des bénéfices n'est pas une condition primordiale pour le législateur. Fort naturellement, celui-ci a ouvert le champ de la répression aux personnes morales qui ne poursuivent pas un tel objectif. Sont ainsi concernées les sociétés commerciales, les sociétés civiles, les associations déclarées, les syndicats, les partis politiques, les institutions du personnel (c'est le cas des comités d'entreprise), les syndicats de copropriétaires ou encore les congrégations religieuses.

2) Les personnes morales de droit public

L'État est ici exclu. Alors que le Conseil d'État s'était montré fort réservé sur la question, le législateur a osé franchir le pas en consacrant la responsabilité pénale des personnes morales de droit public. En réalité, seules certaines personnes morales répondent pénalement de l'ensemble de leurs activités. À l'égard des collectivités territoriales et de leurs groupements, la responsabilité pénale est limitée aux « infractions commises dans l'exercice d'activités susceptibles de faire l'objet de conventions de délégation de service public ». Chacun l'a compris, toute la problématique résulte alors dans la limitation et la définition des « activités délégables ». Dans la célèbre affaire du Drac, la Cour de cassation a eu l'occasion, le 12 septembre 2000, de censurer l'arrêt de la Cour d'appel de Grenoble qui avait confirmé la responsabilité pénale de la ville. Pour les magistrats de la Cour souveraine : « l'exécution même du service public communal d'animation des classes de découverte suivies par les enfants des écoles... qui participe du service de l'enseignement public, n'est pas de nature, susceptible de faire l'objet de conventions de délégations de service public ».

b) Les infractions visées

Animée par le principe de la spécialité, la poursuite n'était possible que si le texte organisant l'incrimination et la sanction visait expressément la personne morale. Faute de précisions, la personne morale échappait donc à toute répression. Le texte, qui pouvait être une loi ou un règlement, visait les crimes, les délits et les contraventions.

En vérité, quelque dix années après l'admission de la responsabilité des personnes morales, le principe de la spécialité avait révélé toutes ses limites et ses incohérences. Il devenait délicat de prétendre dresser une liste exhaustive des textes organisant la répression des êtres moraux. Sans cesse, dans les domaines les plus variés, la pénalisation s'était accentuée. Tel fut le cas, en 2001, avec la loi sur la prévention et la répression des mouvements sectaires et celle relative à la sécurité quotidienne. Les premiers mois de l'année 2002 avaient poursuivi la construction de cet édifice. La loi du 4 mars relative à l'autorité parentale n'avait pas échappé à la règle en organisant la responsabilité des personnes morales facilitant le recours à la prostitution des mineurs. Le législateur a fini par prendre acte de ce constat.

La loi du 9 mars 2004 écarte le principe de la spécialité en effaçant de l'article 121-2 toute référence à la loi et au règlement. Il s'ensuit que le législateur n'a plus besoin d'anticiper et de prévoir, infraction par infraction, la mise en jeu de la responsabilité pénale de la personne morale. Le principe est donc renversé. Les incidents de la réforme étant réels, il était de bon ton que l'entrée en vigueur du nouveau principe ait été repoussée au 31 décembre 2005. Depuis, la portée de la responsabilité pénale des personnes morales, à l'exception des délits en matière de presse écrite ou audiovisuelle, est générale et concerne l'ensemble des infractions.

■ *La mise en œuvre de la responsabilité pénale des personnes morales*

a) Les conditions exigées

1) La nécessité d'une infraction commise par des organes ou représentants de la personne morale

La personne morale n'est engagée que par l'activité ou l'absence d'activité de ses organes ou représentants. Encore faut-il s'entendre sur les mots. Du côté du droit privé, sont par exemple concernés : pour les sociétés commerciales, le gérant, le président-directeur général, le conseil d'administration, le directoire ; pour les associations, l'assemblée générale. Du côté du droit public, sont par exemple concernés : le maire, le conseil municipal, le président du conseil général, celui du conseil régional, le conseil général lui-même ainsi que le conseil régional.

En pratique, il est assez singulier de constater qu'en grande majorité les juges du fond passent sous silence la condition exigée par le texte. Le plus souvent, la personne morale est considérée comme une véritable personne physique, si bien qu'en définitive la véritable personne physique, « support » nécessaire à la responsabilité, n'est guère identifiée. Et lorsque l'identification est faite, les juges ne s'arrêtent pas sur la réalité et l'effectivité des fonctions assurées. La Chambre criminelle a dû rappeler la nécessité qu'il y avait à identifier la personne physique et à reconnaître sa participation coupable.

Comme si elle jouait une partition hésitante, la Chambre criminelle allait toutefois brouiller quelque peu les pistes en retenant que l'infraction n'avait « pu être commise, pour le compte de la société, que par ses organes ou représentants ». Par une telle solution, l'identification de la personne physique devenait superfétatoire et laissait entrevoir, de manière à peine dissimulée, une présomption « quasi-irréfragable » de commission de l'infraction par un organe ou représentant de la personne morale.

La doctrine n'a pas manqué de contester cette solution qui élargissait le domaine de la responsabilité des personnes morales. La solution a pourtant depuis été confirmée. La Chambre criminelle recopie régulièrement la formule en des termes identiques : « si les juges du fond ont déclaré cette dernière coupable... sans préciser l'identité de l'auteur... cette infraction n'a pu être commise, pour le compte de la personne morale, que par ses organes ou représentants ».

À l'évidence, de telles solutions peuvent laisser le lecteur quelque peu perplexe. Les dispositions de l'article 121-2 semblent en effet malmenées. Ayant en mémoire le principe de certitude de l'application de la loi pénale, on pourra se rassurer par la lecture d'un arrêt rendu par la Chambre criminelle le 11 octobre 2011. Ayant retenu la responsabilité d'EDF, une cour d'appel est censurée pour ne pas s'être suffisamment expliquée sur le statut et les attributions des agents reconnus comme des représentants de la personne morale au sens de l'article 121-2. La censure porte également sur l'existence d'une délégation de pouvoirs insuffisamment démontrée. Cette jurisprudence a été confirmée par un arrêt en date du 11 avril 2012. La Chambre criminelle censure une cour d'appel qui avait retenu la responsabilité pénale d'une personne morale sans avoir recherché si « les manquements relevés résultaient de l'abstention d'un des organes ou représentants de la société G » et s'ils avaient été commis pour le compte de cette société, au sens de l'article 121-2 du Code pénal. La formule a depuis été reproduite en d'autres décisions. La parenthèse, comme on l'a noté, ouverte en 2006 semble donc fermée. Les discours alarmistes d'hier n'avaient peut-être pas toute la force qu'on a bien voulu, ici et là, leur donner. Aussi, s'il convient de retravailler les principes d'une telle responsabilité, c'est bien évidemment au législateur qu'en revient la tâche. Dans l'attente, le juge pénal, principe de la légalité oblige, doit se contenter (mais c'est déjà beaucoup) d'appliquer strictement les exigences portées par l'article 121-2 : « Quel que soit le mode de poursuite, les manquements relevés doivent résulter de l'abstention de l'un des organes ou représentants de la personne morale et avoir été commis pour le compte de celle-ci » (*Cass. crim., 22 mars 2016*).

Ces mouvements jurisprudentiels ne doivent pas faire oublier que depuis la loi du 10 juillet 2000 et la redéfinition de la responsabilité pénale pour faute non intentionnelle, les choses ont singulièrement évolué. Il ressort clairement de la distinction lien de causalité direct/lien de causalité indirect que dans la seconde hypothèse, la personne morale peut être tenue pénalement responsable alors qu'aucune faute ne pourra être imputée à une personne physique. Et d'aucuns d'affirmer le caractère autonome ou indépendant de la responsabilité de la personne morale.

2) La nécessité d'une infraction commise pour le compte de la personne morale

L'expression n'est pas définie par le législateur. Mais, à l'évidence, il n'est pas nécessaire que la personne morale ait tiré (ou ait l'espoir de tirer) profit de l'infraction. À imaginer que le dirigeant outrepasse les limites de ses attributions, la personne morale s'en trouverait tout de même engagée. On le sait, dans les sociétés à risque limité (une SARL par exemple), la personne morale est engagée, vis-à-vis des tiers, par tous les actes passés par les dirigeants, quand bien même ces actes ne relèveraient pas de l'objet social. Sous peine de laisser « une large zone d'irresponsabilité pénale injustifiée », on ne peut raisonner autrement en droit pénal.

b) Le partage des responsabilités

1) Le principe : le cumul des responsabilités

La responsabilité de la personne morale étant une responsabilité « d'emprunt », la règle du cumul se comprend aisément. La responsabilité pénale des personnes morales ne pouvait devenir un écran destiné à masquer les responsabilités personnelles. La personne physique voit donc sa propre responsabilité cheminer de concert avec celle de la personne morale. Pour autant, « La poursuite et la condamnation de la personne morale ne sont pas le préalable nécessaire à la condamnation, pour les mêmes faits, de son dirigeant qui, en connaissance de cause, a participé à la commission de l'infraction ».

2) Les tempéraments au principe du cumul des responsabilités

La règle du cumul ne signifie nullement que personne physique et personne morale soient toutes deux effectivement poursuivies. On peut aisément imaginer des situations pour lesquelles, faute de preuve ou en l'absence de faute délibérée ou caractérisée au sens de l'article 121-3, toute personne physique soit écartée du débat répressif, alors que la personne morale « assure » seule la responsabilité recherchée.

La généralisation de la responsabilité pénale des personnes morales n'a ici rien changé. Par la voie d'une circulaire du 13 février 2006, les magistrats sont « invités », en présence d'infractions non intentionnelles, mais aussi d'infractions de nature technique, à privilégier les poursuites contre la seule personne morale et à ne retenir la mise en cause de la personne physique qu'en présence d'une faute personnelle suffisamment établie pour justifier une condamnation pénale.

Mais les véritables tempéraments relèvent d'abord et avant tout « de l'opportunité des poursuites ». L'analyse des cent premières condamnations de personnes morales avait dévoilé il y a quelques années le partage suivant : pour 38 procédures, une personne physique a été condamnée en même temps que la personne morale, alors que pour 57 autres, seule la personne morale a été poursuivie. Dans la quasi-totalité des procédures, la poursuite avait été engagée par le ***Ministère public.***

Les causes d'irresponsabilité pénale

Chapitre 6

La rédaction du nouveau Code pénal est ici assez trompeuse. Auparavant, par la formulation utilisée (« il n'y a ni crime ni délit... »), le législateur invitait maladroitement le lecteur à entendre et à comprendre que l'infraction n'existait pas ou plus pour telles ou telles raisons. La démarche était légitime pour les faits justificatifs qui neutralisent l'élément légal. En revanche, le langage était assurément abusif à l'égard des causes qui voilent ou paralysent l'élément moral.

Aujourd'hui, la terminologie retenue (« n'est pas pénalement responsable... ») n'est guère plus convaincante puisque le même élan législatif prétend retenir en un seul mouvement toutes les causes objectives ou subjectives de non-responsabilité.

1 Les causes objectives

■ *L'ordre de la loi*

Selon les dispositions de l'article 122-4, alinéa 1er du Code pénal : « N'est pas pénalement responsable la personne qui accomplit un acte prescrit ou autorisé par des dispositions législatives ou réglementaires ».

a) L'ordre

1) L'ordre émanant d'un texte de nature pénale

Alors que l'article 226-13 du Code pénal réprime la violation du secret professionnel, l'article suivant repousse toute application « dans les cas où la loi impose ou autorise la révélation du secret ». En quelque sorte, nous sommes en présence d'un conflit de lois. Un conflit qu'il semble juste de résoudre en faisant ***prévaloir la loi qui ordonne sur celle qui réprime***.

2) L'ordre émanant d'un texte de nature extrapénale

D'aucuns le notent, seule une autre loi pénale peut défaire ce qu'une loi pénale a fait. Admettre le contraire reviendrait à accepter qu'une loi, par exemple civile, puisse justifier (faits justificatifs) une infraction. Malgré le bon sens de ces propos, quelques auteurs se plaisent à semer le doute en rapportant quelques décisions divergentes. Ainsi par exemple, un élu local (un maire) n'a pu s'abriter derrière l'obligation qui lui est faite d'afficher les délibérations du conseil municipal pour procéder à un affichage intégral contenant des allégations diffamatoires.

b) La permission

1) La permission émanant d'un texte pénal

Là encore, le schéma est le même. ***Un texte particulier va mettre en échec un texte général d'incrimination***. Les exemples sont nombreux. Témoin l'article 226-14 du Code pénal qui impose ou autorise (c'est le mot-clé) des révélations normalement couvertes par le secret professionnel. Témoin également, les nouvelles dispositions pour les lanceurs d'alerte (C. pén., art. 122-9). Tel est encore le cas, notamment, pour les révélations concernant des sévices, privations, atteintes ou mutilations sexuelles infligés à un mineur ou à toute personne qui, en raison de son âge, son état physique ou psychique n'est pas en mesure de se protéger seule. Enfin, les dispositions de la loi du 19 décembre 1991 relative au renforcement de la lutte contre le trafic de stupéfiants autorisent, à certaines conditions, la pratique des « livraisons surveillées ». *Mutatis mutandis*, en matière de criminalité organisée, la loi du 9 mars 2004 assure l'exonération de la responsabilité pénale des agents infiltrés en se référant à la permission de la loi, les nécessités de l'enquête et à l'autorisation d'une autorité légitime.

2) La permission émanant d'un texte extrapénal

À première vue, l'autonomie du droit pénal semble repousser toute justification. Il est pourtant bon nombre d'hypothèses pour lesquelles la justification va être admise. Témoin, les dispositions de l'article L. 435-1 du Code de la sécurité intérieure qui réglemente l'usage des armes par les forces de l'ordre. De même, les médecins et les chirurgiens reçoivent des règles de leur profession le droit de porter atteinte à l'intégrité physique des personnes. Encore faut-il que la finalité thérapeutique de l'acte soit réelle. En somme, c'est sa finalité qui rend licite l'intervention. À imaginer que cette finalité thérapeutique fasse défaut, et quand bien même le patient (la victime) aurait donné son consentement, le médecin ne pourrait être excusé et son acte justifié. Par ailleurs, fondé sur la notion civile de l'autorité parentale, le droit de correction des parents justifie, dans certaines limites, quelques agissements.

À la frontière de ces exemples, on trouve encore des justifications fondées autant ***sur la coutume*** que sur un véritable texte. C'est, notamment, le domaine de prédilection du sport. Ainsi, le coup donné, parfois mortel, pourra être justifié s'il a été donné dans le respect des règles du jeu.

3) La permission émanant d'une autorité administrative

Par principe, séparation des pouvoirs oblige, ***la permission est ici indifférente***. Il s'ensuit que l'infraction commise n'est pas justifiée, alors même que l'acte commis l'a été sous couvert d'une autorisation. *A fortiori*, le résultat est le même lorsqu'il s'agit d'une simple tolérance. Que la tolérance soit tacite ou expresse (par exemple une circulaire interne) ne change rien à la règle. Ainsi, la vente du muguet sur la voie publique à l'occasion du 1er mai ne saurait échapper, en vertu d'une tolérance générale, à l'application des articles réprimant les vendeurs à la sauvette.

■ Le commandement de l'autorité légitime

La matière est aujourd'hui visée par l'article 122-4, alinéa 2 du Code pénal : « N'est pas pénalement responsable la personne qui accomplit un acte commandé par l'autorité légitime, sauf si cet acte est manifestement illégal ».

Pour que la justification existe, l'ordre donné doit être légal. Une autorité, aussi puissante soit-elle, ne saurait détenir le pouvoir d'ordonner une violation de la loi. En réalité, toute la question est de savoir si l'obéissance à un ordre illégal peut constituer une source d'irresponsabilité pénale. Séduite successivement par la théorie du respect absolu de l'ordre donné et la passivité du subordonné, puis par celle de l'obéissance raisonnée, la doctrine proposa une distinction assez subtile fondée sur le caractère de l'ordre donné. Par les vertus de cette distinction, la justification devenait impossible pour l'acte commis en exécution d'un ordre manifestement illégal. À l'inverse, en présence d'un acte seulement illégal, l'acte commis pouvait trouver une justification. Si telle est la philosophie qui anime aujourd'hui les dispositions du Code pénal, le législateur s'est bien gardé de dire ce qui est ou non manifestement illégal.

La légitime défense

Alors même que toute l'histoire de la justice pénale s'analyse dans un détachement progressif de la justice privée vers la reconnaissance de la justice publique, il fut toujours admis que dans les situations d'urgence où la sécurité des personnes (voire celle des biens) ne peut pas être assurée par les moyens habituels de la justice et de la police, celui qui se défend ne fait que remédier à l'insuffisance de ces moyens et ne commet donc pas d'actes contraires au droit.

a) Les conditions tenant à l'agression

1) Les caractères injuste et actuel de l'agression

L'idée paraît assez simple. Si l'acte d'agression est justifié, la défense ne peut être regardée comme légitime et ne peut donc fonder la justification. Un tel principe engendre à l'évidence de multiples difficultés d'interprétation. Pour être légitime, la défense doit, en outre, être accomplie « ***dans le même temps*** » que l'agression. L'exigence est imposée par le code. Cette condition temporelle permet de distinguer utilement la résistance de la vengeance. L'agression doit être actuelle, c'est-à-dire commise, en train de se commettre ou imminente.

2) L'objet de l'agression

Pour l'opinion publique, la légitime défense concerne d'abord et avant tout la défense des personnes. On se protège soi-même ou l'on vient au secours d'autrui. Si l'état de légitime défense suppose la nécessité (actuelle) de se défendre, il n'impose nullement qu'il y ait péril de mort.

Selon les dispositions de l'article 122-5 du Code pénal : « N'est pas pénalement responsable la personne qui, devant une atteinte injustifiée envers elle-même ou autrui, accomplit, dans le même temps, un acte commandé par la nécessité de la légitime défense d'elle-même ou d'autrui sauf s'il y a disproportion entre les moyens de défense employés et la gravité de l'atteinte ».

Inconnue du Code de 1810, la légitime défense des biens, avant d'être consacrée en 1994 par le nouveau Code pénal, a alimenté bien des controverses. D'aucuns repoussaient vivement l'idée que la vie ou l'intégrité physique d'un agresseur puisse être mise en balance avec la protection d'un bien. D'autres, parfois plus nuancés, estimaient que la protection d'un bien pouvait être envisagée dans le respect d'une réaction proportionnée à l'agression.

Telle est aujourd'hui la philosophie qui anime le Code pénal :

« N'est pas pénalement responsable la personne qui, pour interrompre l'exécution d'un crime ou d'un délit contre un bien, accomplit un acte de défense, autre qu'un homicide volontaire, lorsque cet acte est strictement nécessaire au but poursuivi dès lors que les moyens employés sont proportionnés à la gravité de l'infraction ».

b) Les conditions tenant à la réaction : la défense doit être nécessaire et proportionnée

« *Un acte commandé par la nécessité* », énonce le code. La personne agressée n'a pas pu faire autrement que de commettre à son tour une infraction pour se soustraire au danger. Pour certains auteurs, seule une nécessité absolue est susceptible de justifier l'acte commis en réaction. La défense doit être encore proportionnée. Si l'appréciation du caractère proportionné est laissée à l'initiative des juges du fond, la Chambre criminelle vérifie l'existence de cette exigence. Le sujet alimente bien des chroniques. Ainsi par exemple, il y a disproportion, lorsqu'on est saisi à la gorge, à casser une bouteille sur la tête d'un individu pour le repousser ou à le frapper à coups de chaussure à talon aiguille. De même, le militaire de carrière à la « stature physique imposante » qui tire deux balles dans la cuisse de son agresseur, non armé, qui voulait lui porter des coups de poing, emploie des moyens de défense manifestement disproportionnés (*Cass. crim., 26 juin 2012*).

On notait généralement que l'absence de proportionnalité repoussait toute idée de défense légitime. La solution mérite aujourd'hui d'être nuancée. À la suite d'un banal accident de la circulation, deux automobilistes se querellent. Pour se défendre, l'agressé repousse son agresseur qui fait une chute entraînant sa paraplégie. Au regard de ce handicap, la proportionnalité de la réponse pouvait être mise en cause. La Chambre criminelle (*Cass. crim., 17 janvier 2017*) valide pourtant la solution des juges du fond qui avaient estimé que la proportionnalité ne s'appréciait pas au regard du résultat de l'acte de défense.

c) La preuve de la légitime défense

En ce domaine, le législateur de 1810, comme celui de 1994, a organisé des cas privilégiés. Selon les dispositions de l'article 122-6 : « Est présumé avoir agi en état de légitime défense celui qui accomplit l'acte :

1° Pour repousser de nuit, l'entrée par effraction, violence ou ruse dans un lieu habité ;

2° Pour se défendre contre les auteurs de vols ou de pillages exécutés avec violence ».

La personne qui invoque dans ces situations la légitime défense est donc dispensée de prouver (« est présumé » dit le texte) tant les caractères actuel et injustifié de l'agression que la nécessité et la juste mesure de la riposte. Après bien des débats doctrinaux et jurisprudentiels, la présomption a été analysée par la Chambre criminelle comme une ***présomption susceptible de céder devant la preuve contraire***. La présomption n'est donc pas absolue et irréfragable. La portée de l'article 122-6 n'en demeure pas moins importante. L'article dispense en effet, contrairement à tous les autres cas de figure de la légitime défense, la personne poursuivie de la charge de la preuve. Il appartient donc, dans les hypothèses visées, à la partie poursuivante de démontrer que l'individu n'a pas agi en situation de défense légitime.

Car, dans toutes les situations, la riposte (la défense) du prévenu doit nécessairement répondre aux exigences – hier jurisprudentielles, aujourd'hui légales – de proportionnalité. Ces exigences abritent, là encore, bien des difficultés d'interprétation. Ainsi, peut bénéficier de la légitime défense un commerçant qui, surprenant de nuit un cambrioleur, le stoppe, au moment de la fuite de celui-ci sur le balcon, en lui tirant une décharge de fusil dans la jambe. De même, est proportionné le coup de feu (mortel) tiré par le prévenu pour repousser, de nuit, un agresseur présentant une attitude menaçante et tentant de pénétrer dans son domicile après avoir brisé une fenêtre.

■ *L'état de nécessité*

a) La notion

On évoque l'état de nécessité lorsqu'un individu menacé d'un mal imminent ne peut échapper à ce mal qu'en commettant une infraction. À la grande différence de la légitime défense où la victime de l'infraction est un agresseur, dans l'état de nécessité ***la victime est un tiers innocent*** qui voit son propre intérêt sacrifié au profit d'un autre intérêt jugé, sur le moment, supérieur. L'histoire jurisprudentielle, au demeurant fort riche, a en quelque sorte « forcé » la main du législateur qui voit aujourd'hui dans la nécessité une source possible d'irresponsabilité pénale. L'article 122-7 du Code pénal énonce dorénavant : « N'est pas pénalement responsable la personne qui, face à un danger actuel ou imminent qui menace elle-même, autrui ou un bien, accomplit un acte nécessaire à la sauvegarde de la personne ou du bien, sauf s'il y a disproportion entre les moyens employés et la gravité de la menace ».

b) Les conditions de la justification

1) Les conditions tenant à la menace

Le danger doit être actuel ou imminent. Les mêmes décisions sont partout citées : des squatteurs ne peuvent prétexter la crise du logement pour justifier un délit de bris de clôture. De même, l'état de nécessité ne peut être utilement invoqué pour justifier le délit d'entrave à l'interruption volontaire de grossesse, dès lors que celle-ci est autorisée, sous certaines conditions, par la loi du 17 janvier 1975. En revanche, le mari en instance de divorce peut « forcer » l'appartement de son épouse pour y soustraire sa fille en danger moral car livrée aux « perversions » de sa mère.

Avant l'entrée en vigueur du nouveau code, la question était de savoir si la faute préalable de la personne pouvait l'empêcher de se prévaloir de l'état de nécessité. En d'autres termes, l'état de nécessité devait-il être imprévisible ? La jurisprudence a répondu par l'affirmative. Et chacun rappelle l'exemple du camionneur qui n'ayant pas respecté la signalisation d'un passage à niveau est obligé, pour échapper au train arrivant sur lui, de forcer la barrière refermée. D'aucuns se sont élevés contre cette condition surajoutée. À dire vrai, si l'agent a commis une faute antérieure, il suffit de lui imputer cette faute. Le législateur n'ayant pas expressément compté l'imprévisibilité comme une condition (il l'a fait pour la contrainte et pour la légitime défense), on devrait pouvoir en déduire, sous couvert du principe de la légalité, que la condition n'existe plus. La Chambre criminelle ne l'entend pas de cet avis et cautionne en juin 2010 l'arrêt d'appel rendu à l'encontre du chasseur qui avait tué l'ourse Cannelle : « il s'est placé lui-même dans une situation de danger [...] ce comportement fautif antérieur au coup de feu ne lui permet pas d'invoquer l'état de nécessité pour justifier son acte ».

2) Les conditions tenant à l'acte

- L'ACTE DOIT ÊTRE NÉCESSAIRE

À l'évidence, un simple danger ne saurait suffire à justifier une infraction. Peu importe ici la nature du danger. Il peut s'agir aussi bien de préserver l'intérêt physique que l'intérêt moral d'un individu, celui d'un simple bien, voire celui d'un animal. Ainsi, si l'article 122-7 du Code pénal justifie l'acte délictueux accompli pour la sauvegarde de soi-même, d'autrui ou d'un bien, la destruction d'organismes génétiquement modifiés n'est pas justifiée par la seule nécessité d'alerter l'opinion publique sur les risques occasionnés par ces produits pour la santé et l'environnement. Au surplus, la nécessité n'est pas en soi un fait justificatif. L'acte doit être aussi proportionné.

- L'ACTE DOIT ÊTRE PROPORTIONNÉ

Là encore, c'est une évidence, le vagabond affamé ne saurait être autorisé à tuer le boulanger qui refuse de lui donner du pain. On dit que ***l'intérêt sacrifié doit avoir une valeur inférieure***, au pire équivalente, à celui sauvegardé. Ainsi, le législateur écarte la nécessité, donc l'impunité, « *s'il y a disproportion entre les moyens employés et la gravité de la menace* ». La rédaction est la copie conforme de celle utilisée pour la légitime défense. De l'appréciation des magistrats découlera l'impunité ou au contraire la poursuite des personnes en cause.

La protection des lanceurs d'alerte

a) La nécessité d'accorder une protection pénale aux lanceurs d'alerte

Plusieurs scandales fortement médiatisés, comme celui du Médiator, des Panama papers, du LuxLeeaks ou encore des abattoirs de France, ont mis encore plus en avant le rôle et la fragilité de ceux ou celles qui sont à l'origine des révélations. Analysé parfois comme un droit fondamental lié à la citoyenneté, le droit d'alerte, visé préalablement par quelques lois, n'offrait pas un régime commun de protection aux principaux intéressés. La loi *Sapin 2* du 9 décembre 2016 corrige cette situation.

Curieusement, animé par un élan autonomiste, le législateur, comme il l'avait fait de façon éphémère pour l'usage des armes par les forces de l'ordre, crée, au bénéfice des lanceurs d'alerte, une disposition spécifique qui, portée par l'article 122-9 du Code pénal, s'inscrit à la suite des autres causes d'irresponsabilité pénale.

Défini par l'article 6 de la loi *Sapin 2*, le lanceur d'alerte est une personne physique qui révèle ou signale, de manière désintéressée et de bonne foi, un crime ou un délit, une violation grave et manifeste d'un engagement international régulièrement ratifié ou approuvé par la France, d'un acte unilatéral d'une organisation internationale pris sur le fondement d'un tel engagement, de la loi ou du règlement, ou une menace ou un préjudice graves pour l'intérêt général, dont elle a eu personnellement connaissance.

L'article 122-9 du Code pénal encadre la question de la responsabilité pénale de celui qui divulgue. À l'image des autres causes d'irresponsabilité, l'article ouvre en indiquant : « N'est pas pénalement responsable la personne qui porte atteinte à un secret protégé par la loi, dès lors que cette divulgation est nécessaire et proportionnée à la sauvegarde des intérêts en cause, qu'elle intervient dans le respect des procédures de signalement définies par la loi et que la personne répond aux critères de définition du lanceur d'alerte prévus à l'article 6 de la loi n° 2016-1691 du 9 décembre 2016 relative à la transparence, à la lutte contre la corruption et à la modernisation de la vie économique ».

b) Les limites de l'irresponsabilité pénale du lanceur d'alerte

Bien que l'article 122-9 du Code pénal ne reprenne pas expressément cette disposition, sous couvert de l'article 6 de la loi 9 décembre 2016, seules sont concernées les personnes physiques. Sont donc écartées de la protection pénale, toutes les personnes morales comme les associations, les syndicats, les organes de représentation du personnel ou encore les ONG.

Toujours selon les dispositions de l'article 6 de la loi *Sapin 2*, la protection du lanceur d'alerte s'arrête devant les informations relevant du secret de la défense nationale, du secret médical ou du secret des relations entre un avocat et son client. En ces domaines, la révélation ne peut être couverte par l'irresponsabilité pénale. Outre ces domaines, s'il agit en dehors du cadre législatif, le lanceur d'alerte n'est plus à l'abri d'éventuelles poursuites judiciaires. En cas de mauvaise foi ou d'intention de nuire caractérisée, il peut engager, sur le fondement de l'article 1240 du Code civil, sa responsabilité civile. Sur le fondement de l'article 226-10 du Code pénal, sa responsabilité pénale pour dénonciation calomnieuse peut être également recherchée.

Bien d'autres conditions limitent la protection des lanceurs d'alerte. Pour l'heure, la loi *Sapin 2* ne trouvera pleine application qu'une fois les précisions apportées par les décrets d'application. Ainsi, par exemple, la procédure de recueil des signalements qui concerne les entreprises privées et publiques ne sera opérationnelle qu'à partir du 1er janvier 2018.

2 Les causes subjectives

Le trouble psychique ou neuropsychique

Par une formule des plus lapidaires, l'article 64 du Code de 1810 disposait : « Il n'y a ni crime ni délit, lorsque le prévenu était en état de démence au temps de l'action... ».

Depuis la fin du XVIIIe siècle, la démence était considérée comme une maladie privant l'individu de ses facultés mentales et, par là même, de sa liberté d'action. Au fil du temps, la notion de démence, commode et utile en 1804, s'est trouvée dépassée. Devant l'immobilisme de la loi, les magistrats ont été conduits à considérer que des délinquants dits « demi-fous », sans pouvoir bénéficier de l'article 64, pouvaient par le jeu des circonstances atténuantes échapper en partie à leur responsabilité pénale. C'est donc assurément l'un des grands mérites du nouveau Code pénal que d'avoir posé un fondement légal à cette pratique.

a) L'alternative proposée

L'alternative se matérialise par les deux alinéas de l'article 122-1 du Code pénal. Selon le premier : « N'est pas pénalement responsable la personne qui était atteinte, au moment des faits, d'un trouble psychique ou neuropsychique ayant aboli son discernement ou le contrôle de ses actes ». Et le second alinéa de poursuivre : « La personne qui était atteinte, au moment des faits, d'un trouble psychique ou neuropsychique ayant altéré son discernement ou entravé le contrôle de ses actes demeure punissable ; toutefois, la juridiction tient compte de cette circonstance lorsqu'elle détermine la peine et en fixe le régime ». La loi du 15 août 2014, dite loi Taubira, a complété le dispositif. L'alinéa 2 s'est enrichi d'indications relatives aux peines encourues. Ainsi, « Si est encourue une peine privative de liberté, celle-ci est réduite du tiers ou, en cas de crime puni de la réclusion criminelle ou de la détention criminelle à perpétuité, est ramenée à trente ans. La juridiction peut toutefois, par une décision spécialement motivée en matière correctionnelle, décider de ne pas appliquer cette diminution de peine. Lorsque, après avis médical, la juridiction considère que la nature du trouble le justifie, elle s'assure que la peine prononcée permette que le condamné fasse l'objet de soins adaptés à son état. »

b) Les conséquences de l'alternative

S'agissant des ***délinquants reconnus irresponsables***, la question essentielle est celle de leur traitement ou plus précisément celle des autorités compétentes en la matière. Par nature, l'autorité médicale est sans conteste la mieux préparée pour assurer cette délicate mission. Les personnes déclarées irresponsables sont pourtant encore placées aujourd'hui, par l'autorité administrative, dans des établissements spécialisés. Depuis longtemps les magistrats, prétextant qu'ils sont les mieux informés, revendiquent le pouvoir de décider seuls de ce placement. À la vérité, la demande est beaucoup plus large. Elle vise à mettre en place « une ***judiciarisation*** » ***du traitement*** afin de donner aux magistrats un droit de regard sur la procédure de sortie.

La déclaration d'irresponsabilité était une donnée de moins en moins acceptée par les victimes. Celles-ci revendiquaient, à défaut de voir l'auteur reconnu pénalement responsable de ses actes, une reconnaissance judiciaire du trouble subi et la possibilité à cette fin d'exercer des poursuites. Prenant acte de cette évolution, poussé tant par les préoccupations des victimes que par la médiatisation de certains faits divers, la loi du 25 février 2008 « relative à la rétention de sûreté et à la déclaration d'irresponsabilité pénale pour cause de trouble mental » a tenté une sorte de grand écart entre la classique « ordonnance de non-lieu » et la condamnation de la personne poursuivie. Ainsi, si le juge d'instruction estime, à la fin de son information, qu'il est susceptible de faire application du premier alinéa de l'article 122-1 du Code pénal, il en informe les parties et le procureur de la République. Ces derniers pourront alors demander la saisine de la chambre d'instruction. Celle-ci se prononcera sur le règlement de la procédure à l'issue d'une audience publique et contradictoire. Au cours de cette audience, le mis en examen (si son état le permet) sera interrogé, les experts et témoins entendus. Si elle estime les charges suffisantes mais que le premier alinéa de l'article 122-1 du Code pénal est applicable, la chambre de l'instruction rendra un arrêt de déclaration d'irresponsabilité pénale pour cause de trouble mental par lequel elle prononcera, s'il y a lieu, une ou plusieurs des mesures de sûreté à l'encontre de la personne (par exemple, l'interdiction de rencontrer la victime ou de se rendre dans certains lieux). La décision de déclaration d'irresponsabilité pénale sera inscrite au casier judiciaire. Des dispositions analogues sont applicables devant la Cour d'assises et le Tribunal correctionnel.

S'agissant des ***délinquants dont le discernement a été altéré***, le problème de leur traitement se pose en des termes différents puisque, par hypothèse, ils demeurent responsables. Ils relèvent donc, en théorie, tout autant de l'autorité pénitentiaire que de l'autorité médicale. En réalité, le législateur a préféré éviter cette union entre le médical et le judiciaire en retenant la référence aux établissements pénitentiaires spécialisés comme seule capable d'assurer, ou d'assumer, ce mélange contre nature.

■ *La contrainte*

Par la contrainte, la volonté même de l'agent est affectée. À l'énoncé du terme, résonnent par sympathie des notions comme celles de force majeure et de force irrésistible. En droit pénal, le terme de « contrainte » doit être préféré. Visées expressément hier par l'article 64 du Code de 1810, les caractéristiques de la contrainte sont aujourd'hui définies par l'article 122-2 du nouveau code : « N'est pas pénalement responsable la personne qui a agi sous l'empire d'une force ou d'une contrainte à laquelle elle n'a pu résister ».

a) Les formes de la contrainte

1) La contrainte physique

La contrainte physique est « la mainmise sur le corps ou les biens d'une personne par une force de la nature, tel qu'un ouragan, ou par la force d'un animal ou d'un tiers, qui enlève au prévenu l'exercice de son activité ». Et chacun d'en conclure que la contrainte physique peut être externe ou interne.

La ***contrainte physique externe*** est assurément au cœur du sujet. C'est l'exemple du cycliste qui, enfermé dans un peloton, renverse et tue un policier ou celui du cafetier qui ne ferme pas son établissement à l'heure légale sous la menace de ses clients.

La ***contrainte physique interne*** soulève des questions plus délicates. Chacun pense ici d'abord à la maladie. Si un tel raisonnement est impossible en droit civil puisque le code impose « une cause étrangère », en droit pénal, dans le silence des textes, le doute est parfois permis. Ainsi, poursuivi pour homicides involontaires, le conducteur d'une automobile, victime d'un malaise brutal et imprévisible, a pu bénéficier du fait justificatif : « le prévenu a agi sous l'empire d'une contrainte à laquelle il n'a pu résister ».

2) La contrainte morale

On dit qu'il y a contrainte morale quand la perspective d'un mal redoutable a animé l'agent d'un tel sentiment de terreur que celui-ci a été ***privé du libre exercice de sa volonté***. Il s'ensuit que seule la contrainte morale externe peut être retenue. La contrainte morale interne ne saurait en effet être considérée comme une cause possible d'impunité. À chacun donc de résister à ses passions.

b) Les caractères de la contrainte

1) L'irrésistibilité

La contrainte, qu'elle soit physique ou morale, ne peut être analysée comme une source d'irresponsabilité qu'à la condition d'avoir été irrésistible (« une contrainte à laquelle elle [la personne] n'a pu résister » énonce l'article 122-2). Encore faut-il s'entendre sur les mots. La contrainte peut être interprétée *in abstracto*, c'est-à-dire en vertu de la capacité de résistance d'un homme « normal », ou au contraire *in concreto*, c'est-à-dire en fonction des propres forces de la personne poursuivie. Non sans une certaine sévérité, la Chambre criminelle a opté, et ce depuis longtemps, pour la première forme d'interprétation.

2) L'imprévisibilité

L'exigence est, aujourd'hui encore, jurisprudentielle. La référence au droit civil est ici manifeste. La contrainte ne doit pas avoir été précédée d'une faute commise par celui qui l'invoque. Si d'aventure l'agent avait pu ou dû prévoir, il ne pourra bénéficier de la contrainte pour échapper à sa responsabilité. La sévérité des magistrats est là encore souvent dénoncée par la doctrine. Il paraît plus judicieux, en tout cas plus en harmonie avec la théorie générale de l'infraction, d'analyser la contrainte au temps de l'action – c'est-à-dire au moment même où l'infraction est commise.

■ *L'erreur*

a) L'admission partielle de l'erreur de fait

L'erreur de fait peut se définir par une ***méprise sur la matérialité des faits***. On cite généralement le cas de l'individu qui, par étourderie, prend dans un vestiaire un vêtement qui ne lui appartient pas, ou encore le séducteur poursuivi pour détournement de mineure qui plaide à juste titre l'apparente maturité de sa maîtresse. Si la personne poursuivie n'est pas exempte de toute faute, il serait bien inéquitable, faute de volonté criminelle, d'engager à son encontre une action répressive.

b) La consécration législative de l'erreur de droit

Rompant avec une vive tradition qui voyait dans le principe de connaissance de la loi une présomption quasi irréfragable, les rédacteurs du nouveau Code pénal ont fait preuve d'un certain courage en consacrant l'erreur de droit parmi les causes d'irresponsabilité pénale. Selon les termes de l'article 122-3, « n'est pas pénalement responsable la personne qui justifie avoir cru, par une erreur sur le droit qu'elle n'était pas en mesure d'éviter, pouvoir légitimement accomplir l'acte ». Face aux entorses incessantes faites au principe de la légalité, la présomption de connaissance méritait à son tour d'être tempérée.

c) La portée de l'article 122-3 du Code pénal

Le texte concerne uniquement l'***erreur invincible***, celle que la personne n'était pas en mesure d'éviter. Deux cas de figure ont été expressément envisagés pendant les débats parlementaires. À savoir, d'une part, l'information erronée fournie par une autorité administrative interrogée préalablement à l'infraction et, d'autre part, le défaut de publication d'un texte normatif. En vérité, il appartient aux seuls tribunaux d'apprécier la réalité de l'erreur de droit qui est alléguée. Or, faut-il le rappeler, les magistrats s'opposaient à la reconnaissance de l'erreur comme cause d'irresponsabilité. Comme on pouvait s'y attendre, les premières décisions ont été marquées du sceau de la sévérité. Parmi les traces de cette intransigeance, on retiendra la cassation d'une décision de la Cour d'appel de Versailles qui avait cru pouvoir accepter l'erreur invoquée par un justiciable mal renseigné par son avoué.

Aujourd'hui il semble aisé de tracer les critères retenus par la Cour souveraine pour limiter la portée pratique de cette cause d'irresponsabilité. De deux choses l'une, ou bien la personne en cause connaissait la règle de droit et elle peut alors invoquer une erreur, ou bien la personne ignorait la règle et elle devait alors s'entourer des meilleurs conseils afin d'éviter toute erreur.

■ *La minorité*

a) Le principe de la responsabilité pénale du mineur discernant

L'article 122-8 du Code pénal, tel que modifié par la loi du 9 septembre 2002, dispose que : « les mineurs capables de discernement sont pénalement responsables des crimes, délits ou contraventions dont ils ont été reconnus coupables dans les conditions fixées par une loi particulière (...) ».

Ainsi, contrairement à une idée trop souvent répandue encore, la minorité n'est pas en soi une cause de non-imputabilité. Les mineurs engagent leur responsabilité pénale pour toutes les infractions dont ils sont les auteurs. Mais encore faut-il pour cela qu'ils soient « *capables de discernement* ».

Cette exigence, rappelée par le code, ne fait que consacrer une jurisprudence ancienne. L'arrêt *Laboube* du 13 décembre 1956 retenait en effet qu'un mineur – en l'espèce un jeune enfant âgé de six qui avait blessé un de ses camarades – ne peut se voir reprocher une infraction que s'il a

« *compris et voulu cet acte* ». En l'état actuel, l'âge de discernement n'est pas fixé par la loi, mais déterminé au cas par cas.

Le droit pénal distingue donc deux « catégories » de mineurs : ceux qui ne sont pas capables de discernement et qui, comme tels, parce qu'ils ne sont pas pénalement responsables, ne peuvent faire l'objet d'aucune mesure ou sanction et ceux qui, étant discernants, peuvent se voir imputer l'infraction.

Notons que c'est aux juges de rechercher au cas par cas, faute d'une disposition expresse établissant l'âge du discernement, si cette condition est remplie.

b) Les déclinaisons de la responsabilité pénale du mineur

Si les mineurs capables de discernement sont, comme les majeurs, pénalement responsables, ils bénéficient toutefois d'un statut particulier organisé par le Code pénal et l'ordonnance du 2 février 1945 – qui n'est autre que la loi particulière à laquelle l'article 122-8 renvoie. En raison de leur âge, leur responsabilité est en effet atténuée. À cet égard, l'ordonnance opère une triple distinction :

- le mineur, quels que soient son âge et l'infraction commise, doit en principe n'être soumis qu'à des mesures de protection, d'assistance, de surveillance et d'éducation (Ord. 1945, art. 2, al. 1er). C'est ici l'affirmation d'un traitement éducatif préféré à un régime répressif, le mineur délinquant étant d'abord perçu comme un individu en danger ;
- le mineur de 10 ans et plus peut être soumis à des sanctions éducatives. Celles-ci, listées à l'article 15-1 de l'ordonnance (confiscation, interdiction de rencontrer la victime...), constituent une première exception au principe et supposent que « *les circonstances et la personnalité du mineur l'exigent* » (Ord. 1945, art. 2, al. 2) ;
- le mineur de 13 ans et plus peut être condamné à une sanction pénale. Seconde exception au principe de la primauté de l'éducatif, son prononcé implique, à nouveau, que les circonstances et sa personnalité l'imposent (Ord. 1945, art. 2, al. 2). Pour les 13-16 ans, la peine est nécessairement réduite par l'effet de la minoration de peine dont le jeu a pour conséquence d'abaisser le quantum de la peine encourue. Pour les plus de 16 ans en revanche, la possibilité est laissée au juge de priver le mineur de cette atténuation.

Les réponses pénales applicables aux mineurs auteurs d'une infraction pénale

Mineur non discernant	**Mineur discernant**			
Pas de responsabilité pénale	**Responsabilité pénale** ***Conséquence*** : la justice peut prononcer à son encontre :			
	Quel que soit l'âge au moment des faits	*Si le mineur avait 10 ans au moins au moment des faits*	*Si le mineur avait 13 ans au moins au moment des faits*	
	Des mesures éducatives	Des sanctions éducatives	Des sanctions pénales *S'il s'agit d'une peine de prison ou une peine d'amende, selon son âge*	
			13-16 ans	16-18 ans
			Atténuation de la peine obligatoire	Atténuation de la peine facultative

Les peines

PARTIE 3

La classification des peines

Chapitre 7

Qualifier la peine, c'est lui donner un nom, mais c'est avant tout lui attribuer une fonction (juridique). Ainsi évoque-t-on les peines principales, les peines alternatives, les peines complémentaires, et même parfois les peines accessoires. Ces dernières étaient celles qui s'ajoutaient automatiquement à la peine principale sans que le juge n'ait besoin de les indiquer expressément. Elles ont disparu avec l'entrée en vigueur du nouveau Code pénal, consécutivement à l'introduction d'un nouvel article 132-17, alinéa 1er selon lequel « aucune peine ne peut être appliquée si la juridiction ne l'a pas expressément prononcée ».

1 Les peines principales et alternatives

■ *Définitions*

La ***peine principale*** est celle qui est prévue à titre principal, en priorité, par un texte pour sanctionner un comportement déterminé et contraire à la loi. Elle est donc ***attachée à l'incrimination*** et, comme telle, caractérise sa pénalité propre.

La ***peine alternative***, détachée de l'incrimination, est ***visée dans un texte de portée générale*** et il appartient au juge de venir piocher dans cette liste lorsqu'il ne souhaite pas prononcer la peine spécifiquement prévue pour l'infraction poursuivie. Elle a donc vocation à se substituer (d'où l'expression parfois rencontrée de « peines de substitution ») à la peine principale.

Applications

a) En matière criminelle

Il s'agit de la ***réclusion criminelle***, propre aux crimes de droit commun, et de la ***détention criminelle***, réservée aux auteurs de crimes politiques. Pour l'une et l'autre, l'article 131-1 du Code pénal (C. pén.) édicte une échelle générale dans un ordre décroissant de gravité (perpétuité, trente ans au plus, vingt ans au plus, quinze ans au plus) et précise, au dernier alinéa, que leur durée, à temps, est nécessairement de dix ans au moins. En deçà de ce seuil, la peine est alors une peine correctionnelle d'emprisonnement.

En revanche, il n'existe ***aucune peine alternative pour les crimes***. La réclusion ou la détention ne peut jamais s'effacer devant une autre peine qui viendrait s'y substituer.

b) En matière correctionnelle

Il n'y a que ***deux peines principales : l'emprisonnement et l'amende***. Comme pour la réclusion et la détention, le législateur a élaboré une échelle des peines d'emprisonnement comprenant huit degrés : dix ans, sept ans, cinq ans, trois ans, deux ans, un an, six mois maximum et deux mois au plus (C. pén., art. 131-4).

Quant à l'amende correctionnelle, son taux minimum est fixé par l'article 381 du Code de procédure pénale (relatif à la compétence du tribunal correctionnel) à 3 750 euros sans qu'aucun maximum n'ait été, en revanche, légalement établi.

Ainsi, lorsqu'une infraction est uniquement passible d'une peine d'amende, elle constitue un délit dès lors que le taux de l'amende encouru est égal ou supérieur à 3 750 euros (ex. : art. 322-1, al. 2 qui sanctionne les « tags »).

Soucieux d'imaginer des substituts aux courtes peines d'emprisonnement, le législateur a introduit en matière correctionnelle, des ***peines alternatives*** : contrainte pénale, peines privatives et restrictives de liberté, travail d'intérêt général, jour-amende, stage de citoyenneté et « sanction-réparation ».

Ces peines alternatives n'obéissent pas exactement aux mêmes règles :

- ***la contrainte pénale***, créée par la loi du 15 août 2014, est une peine alternative à l'emprisonnement pour l'ensemble des délits, quelle que soit, depuis le 1er janvier 2017, la peine d'emprisonnement encourue (C. pén., art. 136-4-1). Aussi, et fort logiquement, l'article 131-9, alinéa 1er, énonce que l'emprisonnement ne saurait être cumulé avec la contrainte pénale ;
- ***les peines privatives ou restrictives de liberté*** prévues à l'article 131-6 sont aussi bien alternatives à l'emprisonnement (C. pén., art. 131-6) qu'à l'amende (C. pén., art. 131-7), à condition

toutefois que l'amende soit seule encourue à titre principal. Là encore, en toute logique, l'article 131-9, alinéa 1er interdit leur cumul avec l'emprisonnement ;

- ***le travail d'intérêt général*** est une peine alternative à l'emprisonnement (C. pén., art. 131-8). De manière similaire, son cumul avec l'emprisonnement est prohibé par le même texte ;
- ***le jour-amende*** : par déduction de l'article 131-9, dernier alinéa, qui interdit leur cumul, la peine de jour-amende est alternative à l'amende. Elle peut en revanche, comme l'amende, se cumuler avec une peine d'emprisonnement lorsque ce dernier est encouru (C. pén., art. 131-5) ;
- ***le stage de citoyenneté*** : selon l'article 131-5-1 du Code pénal « lorsqu'un délit est puni d'une peine d'emprisonnement, la juridiction peut, à la place de l'emprisonnement, prescrire que le condamné accomplira un stage de citoyenneté (...) ». La formulation du texte ne laisse ici aucune hésitation. Il s'agit bien d'une peine alternative dont le cumul est interdit avec l'emprisonnement qu'elle remplace ;
- ***la sanction-réparation*** (C. pén., art. 131-8-1) répond aux mêmes modalités que les peines privatives ou restrictives de liberté. Ainsi, elle peut se substituer tant à l'emprisonnement qu'à la peine d'amende, à condition, dans cette dernière hypothèse, que l'amende soit seule encourue à titre principal.

c) En matière contraventionnelle

Depuis la suppression de l'emprisonnement pour les contraventions par la loi du 19 juillet 1993, la seule peine principale qui demeure est l'***amende***. L'article 131-13 du Code pénal présente l'échelle des peines d'amende, les maxima encourus variant selon les classes de contravention, c'est-à-dire selon leur gravité. Ainsi le maximum encouru est de 38 euros pour les contraventions de 1re classe, 150 euros pour les contraventions de 2e classe, 450 euros pour les contraventions de 3e classe, 750 euros pour les contraventions de 4e classe, et 1 500 euros pour les contraventions de 5e classe, susceptible d'être doublé en cas de récidive.

Par la réforme du Code pénal, des ***peines alternatives***, jusqu'alors réservées aux seuls délits, ont été ***étendues aux contraventions de 5e classe***. Ainsi, le législateur (C. pén., art. 131-12) autorise que l'amende laisse place à une ou plusieurs des peines privatives ou restrictives de droits énumérées à l'article 131-14 du Code pénal (à savoir la suspension du permis de conduire, le retrait du permis de chasser, l'interdiction d'émettre des chèques, la confiscation de la chose en rapport avec la contravention, l'immobilisation du véhicule ou la confiscation d'armes), ou à la sanction-réparation telle que définie alors à l'article 131-15-1 du Code pénal.

2 Les peines complémentaires

Définition

La peine complémentaire, ainsi que le suggère son nom, est celle qui complète, qui ***vient s'ajouter à la peine principale***. Pour qu'il en soit ainsi, encore faut-il néanmoins :

- qu'elle soit spécialement prévue pour l'infraction jugée (donc comme la peine principale et contrairement à la peine alternative) ;
- qu'elle soit expressément prononcée par le juge (à la différence des anciennes peines accessoires).

Si la définition admet que la peine complémentaire soit prononcée cumulativement à une peine principale, dans certains cas, spécifiés par les textes, elle peut être retenue aux lieu et place de la peine principale, à l'image alors des peines alternatives (C. pén., art. 131-11, 131-18 et 131-44).

Applications

a) En matière criminelle

En matière criminelle (C. pén., art. 131-2), les peines complémentaires sont l'amende et les peines énoncées à l'article 131-10 : peines emportant interdiction, déchéance, incapacité ou retrait d'un droit, injonction de soins ou obligation de faire, immobilisation ou confiscation d'un objet, confiscation d'un animal, fermeture d'établissement, affichage de la décision ou diffusion de celle-ci par la presse écrite ou par voie électronique.

b) En matière correctionnelle

Sont ici, à nouveau, peines complémentaires celles énoncées par l'article 131-10 du Code pénal. Mais la loi du 5 mars 2007 relative à la prévention de la délinquance y ajoute la peine de sanction-réparation. Selon l'article 131-8-1 en effet, elle peut être prononcée « à la place » (elle est alors, on l'a dit précédemment, peine alternative) ou « en même temps » (elle est ici peine complémentaire) que l'emprisonnement ou l'amende.

c) En matière contraventionnelle

Pour les contraventions, les peines complémentaires sont énumérées aux articles 131-15-1, 131-16 et 131-17 du Code pénal.

L'article 131-15-1 permet, comme en matière correctionnelle, le prononcé de la peine de sanction-réparation à titre complémentaire mais uniquement pour les contraventions de 5e classe.

De son côté, l'article 131-16 inventorie celles qui peuvent concerner toute contravention : suspension du permis de conduire, interdiction de détenir une arme soumise à autorisation ou un animal, confiscation des armes, de la chose ou d'un animal en lien avec l'infraction, retrait du permis de chasser, interdiction de conduire certains véhicules terrestres à moteur, obligation d'accomplir un stage de sensibilisation à la sécurité routière, un stage de citoyenneté ou un stage de responsabilité parentale.

Au contraire, l'article 131-17 vise celles qui ne sont applicables qu'aux contraventions de 5e classe : interdiction d'émettre des chèques dans la limite de trois ans et peine de travail d'intérêt général pour une durée comprise entre 20 et 120 heures.

Les peines encourues par les personnes physiques

	Peines principales		Peines alternatives	Peines complémentaires
Crimes	« Réclusion ou détention criminelle »	–	aucune	- amende - peines de l'article 131-10, C. pén.
Délits	« Emprisonnement »	Échelle à 8 degrés (C. pén., art. 131-4)	- peines privatives ou restrictives de droits - travail d'intérêt général - stage de citoyenneté - peine de sanction réparation - contrainte pénale	- peines de l'article 131-10, C. pén.
	Amende	Minimum de 3 750 euros (CPP, art. 381)	- peines privatives ou restrictives de droits - peine de jour-	

			amende - peine de sanction réparation		
Contraventions	Amende	Montant selon les classes C. pén., (art. 131-13)	Seulement pour celles de 5e classe : - peines privatives ou restrictives de droits - peine de sanction réparation	Pour toutes les contraventions : les peines de l'article 131-16, C. pén.	Pour les seules contraventions de 5e classe : les peines des articles 131-15-1 et 131-17, C. pén.

3 Les particularités dues aux personnes morales

La reconnaissance législative de la responsabilité pénale des personnes morales impliquait la création d'une nouvelle nomenclature de peines conciliables avec les particularités de ce nouveau type de contrevenant. En effet, même si parmi les peines existantes certaines étaient susceptibles d'être prononcées à l'encontre de tous (ainsi en est-il, par exemple, au sein des sanctions privatives ou restrictives de droits, de l'interdiction d'exercer une activité professionnelle ou sociale, de la fermeture d'établissement, de l'exclusion de marchés publics ou de l'interdiction d'émettre des chèques, mais encore, au titre des sanctions patrimoniales cette fois, de l'amende, de la confiscation ou de l'immobilisation du véhicule, ou enfin de l'affichage ou de la diffusion de tout ou partie de la décision, sanction visant directement la réputation du condamné), d'autres au contraire ne permettaient pas l'assimilation (les peines privatives ou restrictives de liberté telles l'incarcération, l'interdiction de séjour, l'interdiction du territoire ; les peines privatives de droits comme la privation des droits civiques, civils et de famille ; le travail d'intérêt général). Le législateur a donc défini des peines qui n'intéressent que les personnes morales.

Parmi celles-ci, certaines s'adressent potentiellement à toutes les personnes morales. Ainsi, l'interdiction de procéder à une offre au public de titres financiers (C. pén., art. 131-47), qui s'interprète comme la prohibition, pour le placement de titres quels qu'ils soient, d'avoir recours tant à des établissements de crédit qu'à des procédés quelconques de publicité. Ainsi encore, la peine de programme de mise en conformité qui, visant les personnes morales reconnues coupables de corruption ou de trafic d'influence, consiste en l'obligation, pendant cinq ans au plus, de mettre en place, sous le contrôle de l'agence française anticorruption, un programme de prévention et de détection de la corruption *via* un ensemble d'actions coordonnées (charte d'éthique, contrôles comptables, cartographie des risques, dispositif de formation, mécanismes d'alerte interne, etc.).

Les deux autres peines, le placement sous surveillance judiciaire et la dissolution, sont spécifiques à certaines personnes morales en raison des conséquences qui s'y attachent, la première entraînant une perte d'indépendance et d'autonomie, la seconde rimant avec la disparition pure et simple du groupement. Aussi sont-elles l'une et l'autre exclues pour les personnes morales de droit public, les partis ou groupements politiques et les syndicats professionnels. Par ailleurs, et cette fois de manière autonome, la dissolution est également prohibée pour les institutions représentatives du personnel, comités d'entreprise, comités d'établissement, comités de groupe ou encore comités centraux d'entreprise (C. pén., art. 131-39, dernier alinéa).

Le Code pénal ne reprend pas la terminologie peine principale, peine alternative. La raison en est très simple : il n'y a pas ici de peines principales et il ne saurait y en avoir. Elles ne sont en effet utiles qu'à déterminer la nature de l'infraction (crime, délit ou contravention) qui est indépendante de l'auteur, personne physique ou morale.

En matière criminelle et correctionnelle, les peines prévues par l'article 131-39 s'apparentent à des peines complémentaires : elles ne peuvent être prononcées qu'à condition d'être, pour l'infraction considérée, prévues par la loi. Il en est de même de la peine de sanction-réparation comme l'indique explicitement l'article 131-39-1 du Code pénal (« prononcée *en même temps* »).

En matière contraventionnelle, le vocabulaire réapparaît néanmoins. L'article 131-42 liste les peines complémentaires alternatives pour les seules contraventions de 5e classe. L'article suivant envisage les peines complémentaires dont certaines intéressent toutes les contraventions (1re phrase) et d'autres uniquement les contraventions les plus graves (dernière phrase et art. 131-44-1). Notons que toutes ces peines complémentaires peuvent être seules prononcées, à l'égal d'une peine alternative (art. 131-44).

Le régime de la peine

Chapitre 8

Deux grands principes du droit pénal se rencontrent ici, parfois se confrontent : celui de la légalité des délits et des peines et celui de la personnalisation des peines.

1 Le prononcé de la peine

■ *Les règles imposées par la loi*

On rappelle deux règles essentielles : le juge ne peut d'abord prononcer que les seules peines (ou l'une d'entre elles) prévues par les textes pour sanctionner l'infraction considérée. Ensuite, il ne peut s'affranchir des maxima définis par le législateur. Pour chaque infraction, le texte précise le maximum de la peine encourue, lequel opère comme un seuil au-delà duquel le juge ne peut s'aventurer.

Par des dispositions spéciales, il arrive que le législateur modifie ce seuil maximum Il prévoit également des règles particulières à la situation dite du concours d'infractions. À noter qu'il imposait aussi parfois un seuil minimum de peines, autrement appelé « peines-plancher ». Ces dispositions, qui visaient les récidivistes et certains délinquants primaires en raison de la nature de l'infraction commise (faits de violence par exemple) ont toutefois toutes été supprimées par la loi du 15 août 2014.

a) Les variations du seuil maximum

Témoin soit d'une sévérité accrue soit d'une plus grande clémence du législateur, le seuil maximum de la peine normalement encourue pour l'infraction considérée peut être revu à la hausse ou à la baisse.

1) Seuil maximum réhaussé

● LES CIRCONSTANCES AGGRAVANTES

Il s'agit ici des circonstances aggravantes au sens étroit du terme, dites encore ***circonstances aggravantes spéciales*** puisque, loin d'être communes à toutes les infractions, elles sont propres à telle ou telle incrimination. C'est donc le législateur qui indique, pour chaque infraction qu'il détermine, les circonstances aggravantes qui y sont rattachées, et qui précise, pour chacune d'entre elles, le quantum de l'aggravation.

Un exemple : le vol est puni de trois ans d'emprisonnement et de 45 000 euros d'amende (C. pén., art. 311-3).

Il est puni de cinq ans d'emprisonnement et 75 000 euros d'amende lorsqu'il est commis en réunion, sur une personne dépositaire de l'autorité publique, sur une personne vulnérable, lorsqu'il s'est accompagné de détérioration... (C. pén., art. 311-4).

Il est puni de sept ans d'emprisonnement et de 100 000 euros d'amende lorsqu'il s'est accompagné de violences ayant entraîné une incapacité totale de travail (ITT) de huit jours au plus (C. pén., art. 311-5), de dix ans d'emprisonnement et 150 000 euros d'amende lorsque l'ITT a été supérieure à 8 jours (C. pén., art. 311-6), de quinze ans de réclusion criminelle et 150 000 euros d'amende lorsqu'il s'en est suivi une mutilation ou une infirmité permanente (C. pén., art. 311-7)...

Il ne saurait être question ici de présenter un inventaire des circonstances aggravantes tant elles sont nombreuses. En revanche, il convient de souligner que la partie générale du Code pénal consacre une section III à la définition de quelques-unes des circonstances aggravantes spéciales. Bénéficient ainsi de cette exclusivité la bande organisée (C. pén., art. 132-71), le guet-apens (C. pén., art. 131-71-1), la préméditation (C. pén., art. 132-72), l'effraction (C. pén., art. 132-73), l'escalade (C. pén., art. 132-74), l'arme (C. pén., art. 132-75) et la qualité de conjoint, de concubin ou de partenaire lié à la victime par un pacte civil de solidarité (C. pén., art. 132-80).

À cette liste s'ajoutent les circonstances aggravantes tenant l'appartenance à une prétendue race, ethnie, nation, ou religion déterminée (C. pén., art. 132-76), au sexe, orientation sexuelle ou identité de genre (C. pén., art. 132-77) et à l'utilisation d'un moyen de cryptologie (C. pén., art. 132-79). Mais, contrairement aux précédentes, il s'agit là de circonstances aggravantes générales et non spéciales : elles ont vocation à rehausser, selon l'échelle d'aggravation des peines encourues définie par ces trois textes, la répression de tout crime ou délit dont les circonstances de commission établissent qu'ils ont été commis contre la victime pour l'une des raisons en cause ou qu'un moyen de cryptologie a été utilisé.

- LA RÉCIDIVE

En guise de définition, il y a ***récidive*** à chaque fois qu'une personne, déjà condamnée pour une première infraction, en commet une seconde dans les conditions déterminées aux articles 132-8 à 132-15 du Code pénal. La loi du 12 décembre 2005, relative au traitement de la récidive des infractions, a introduit une nouvelle notion, celle de « réitération d'infractions pénales ». La ***réitération*** est caractérisée lorsqu'une personne, déjà condamnée définitivement pour un crime ou un délit, commet une nouvelle infraction qui ne répond pas aux conditions de la récidive légale (C. pén., art. 132-16-7).

Ces deux notions ne doivent pas être confondues. Leurs effets sont très différents. L'état de récidive emporte aggravation de la peine encourue pour la seconde infraction réalisée. La réitération conduit au cumul des peines prononcées pour la nouvelle infraction avec celles infligées pour l'infraction précédente, et ce sans limitation de quantum et sans possibilité de confusion.

I. Précisions terminologiques

La récidive suppose que la personne ait commis deux infractions dont la première a déjà donné lieu à une condamnation définitive. Cette condamnation constitue le premier terme de la récidive, la seconde infraction son deuxième terme.

Le premier terme de la récidive doit se rapporter à une condamnation pénale irrévocable toujours existante, c'est-à-dire qui n'aurait pas été anéantie par l'effet d'une amnistie, d'une réhabilitation ou qui serait non avenue du fait de l'expiration du sursis non révoqué.

Le deuxième terme de la récidive est constitué de la nouvelle infraction commise. C'est donc elle qui crée la récidive. Cependant il ne peut pas s'agir de n'importe quelle infraction. Sa nature, d'une part, et le délai dans lequel elle est réalisée après le premier terme, d'autre part, commandent une double distinction :

- première distinction : ***la récidive est générale ou spéciale***. Elle est dite générale lorsqu'elle est créée par la commission d'une nouvelle infraction quelle qu'elle soit. Elle est dite spéciale lorsqu'elle n'existe que par une nouvelle infraction identique ou équivalente à la première (v. C. pén., art. 132-16 et s.). C'est le renouvellement de la même infraction (meurtre, meurtre) ou d'une infraction considérée par la loi comme équivalente à la première (vol, escroquerie) qui seule forme la récidive ;

– deuxième distinction : ***la récidive est perpétuelle ou temporaire***. Elle est perpétuelle lorsque la loi demeure indifférente au temps qui sépare les deux termes de la récidive. Lorsque, au contraire, elle prescrit un délai maximum entre les deux, la récidive est dite temporaire. Il faut noter ici que ce délai court à compter non pas du jour où la condamnation est devenue définitive, mais de l'expiration ou de la prescription de la peine.

II. Les situations de récidive

Puisque c'est la deuxième infraction qui crée l'état de récidive, nous raisonnerons à partir d'elle selon qu'elle constitue un crime, un délit ou une contravention.

– *La récidive criminelle*

L'article 132-8 du Code pénal institue ici une récidive générale et perpétuelle si la condamnation avait été prononcée pour un premier crime ou un délit puni de dix ans d'emprisonnement.

Dans ces deux cas, le maximum encouru pour ce nouveau crime est alors porté à la réclusion criminelle à perpétuité si la peine normalement encourue était de vingt ou trente ans, à trente ans de réclusion criminelle si la peine normalement encourue était de quinze ans de réclusion.

– *La récidive correctionnelle*

Si la première condamnation avait été prononcée pour crime (C. pén., art. 132-9), la récidive est générale mais temporaire. La durée du délai varie en fonction du deuxième terme : délai de dix ans si le délit est puni de dix ans d'emprisonnement, délai de cinq ans s'il est puni d'un emprisonnement inférieur à dix ans mais supérieur à un an. Dans l'un et l'autre cas, le maximum des peines encourues (emprisonnement et amende) est doublé.

Si la première condamnation concernait un délit (C. pén., art. 132-9), l'hypothèse est alors une récidive de délit à délit. Elle est toujours temporaire mais peut être générale ou spéciale. Elle est générale si le premier terme était relatif à un délit puni par les textes de dix ans d'emprisonnement. Le délai varie : de dix ans si le second délit est puni comme le premier, de cinq ans s'il est puni d'un emprisonnement de plus d'un an. Elle est spéciale si les deux termes recouvrent les mêmes délits, ou des délits assimilés, et à condition que le second ait été commis dans un délai de cinq ans (C. pén., art. 132-10). L'aggravation du maximum est identique puisqu'il est doublé.

– *La récidive contraventionnelle*

Limitée aux contraventions de 5e classe et à condition que le règlement la prévoit expressément, elle est toujours spéciale et temporaire, le délai étant alors d'un an. Le maximum de l'amende est alors multiplié par deux (C. pén., art. 132-11, al. 1er).

Toutefois, le délai n'est plus d'un an mais de trois ans dans les cas où la loi prévoit que la récidive d'une contravention de 5e classe constitue un délit (C. pén., art. 132-11, al. 2).

Précisions : les situations de récidive concernant les personnes morales, régies aux articles 132-12 à 132-15, sont très exactement superposables à celles des personnes physiques. Les mécanismes applicables sont en effet identiques, à ceci près :

– que les délits ne sont plus distingués selon qu'ils font encourir dix ans d'emprisonnement ou plus d'un an, mais qu'ils exposent leurs auteurs à une amende de 100 000 euros ou de plus de 15 000 euros ;

– que l'aggravation de l'amende est alors de dix fois le maximum défini au texte de pénalité. Mais il ne faut pas s'y laisser prendre. L'aggravation est en réalité similaire à celle des personnes physiques puisqu'il ne s'agit là encore que d'un doublement, dès lors que l'on se souvient que l'amende encourue par les personnes morales est égale au quintuple de celle des personnes physiques (C. pén., art. 131-38).

2) Le seuil maximum abaissé

● LA MINORITÉ DE L'AUTEUR

Le texte de référence est ici l'ordonnance du 2 février 1945. Ses articles 20-2 et 20-3 énoncent en effet que le mineur de plus de 13 ans, à l'encontre duquel une sanction pénale peut être prononcée dès lors que les circonstances et sa personnalité paraissent l'exiger, bénéficie d'une atténuation de peine. Se retrouve ici ce que l'ancien Code pénal dénommait « l'excuse atténuante de minorité ».

L'atténuation de peine opère dans les termes suivants :

– ***pour les peines privatives de liberté*** : lorsque le texte de pénalité prévoit la perpétuité, le maximum est alors ramené à vingt ans de réclusion criminelle. Dans tous les autres cas, réclusion criminelle à temps et emprisonnement, le maximum encouru par le mineur est égal à la moitié du maximum édicté au texte ;

– ***pour la peine d'amende***, exception faite des contraventions des quatre premières classes pour lesquelles il n'existe aucun aménagement (C. pén., art. 21, al. 2), la réduction est égale à la moitié sans que son montant ne puisse excéder, en matière criminelle et correctionnelle, 7 500 euros.

De droit pour les mineurs de 13 à 16 ans, l'excuse atténuante de minorité reste toutefois facultative pour leurs aînés. Le tribunal pour enfants et la Cour d'assises des mineurs ont en effet la faculté de ne pas l'accorder au mineur de plus de 16 ans en raison des circonstances de l'espèce et de sa personnalité. Dans ce cas, en cas de perpétuité encourue, la peine maximale susceptible d'être prononcée est la peine de trente ans de réclusion ou de détention criminelle. Par ailleurs, si c'est le tribunal pour enfants qui décide de ne pas retenir l'atténuation, encore faut-il qu'il motive spécialement les raisons d'une telle décision (exigence qui ne concerne pas la Cour d'assises qui n'a pas à motiver le choix de la peine).

- LA DÉNONCIATION DES FAITS PAR LEUR AUTEUR

Ainsi que l'énonce l'article 132-78, alinéa 2 du Code pénal, la minoration légale joue ici comme salaire de la délation, comme une récompense offerte à ceux des auteurs ou complices d'une infraction qui renseignent la justice sur la commission de celle-ci ou sur l'identité de ceux qui s'y trouvent compromis.

Le droit positif en offre plusieurs illustrations : article 222-43 concernant le trafic de stupéfiants, article 414-4 pour certaines infractions en matière de trahison et d'espionnage, article 422-2 à propos des actes terroristes, article 442-10 en matière de fausse monnaie...

Dans tous ces cas, ***la peine est réduite de moitié*** pour l'agent qui aura permis de faire cesser les agissements incriminés, ou parfois d'éviter que les dommages en résultant ne soient aggravés (C. pén., art. 422-2), ou ***ramenée à vingt ans*** de réclusion lorsque la peine encourue était la perpétuité.

- CAS PARTICULIER : L'EXEMPTION DE PEINE

L'exemption de peine, ou excuse absolutoire selon le terme utilisé par l'ancien Code pénal, est une autre forme de récompense, cette fois beaucoup plus conséquente dans la mesure où l'agent, par sa délation, aura permis non plus seulement d'interrompre le cours d'une infraction, mais d'en éviter la commission. Elle opère donc en quelque sorte comme une forme radicale et absolue de minoration légale de la peine puisqu'elle exclut le prononcé de toute peine contre son bénéficiaire (art. 132-78, al. 1er). Là encore les exemples sont nombreux : article 222-43-1 en matière de trafic de stupéfiants, article 224-5-1 en matière d'enlèvement et de séquestration, article 422-1 en matière de terrorisme, article 434-37 en matière d'évasion, article 450-2 en matière d'association de malfaiteurs...

b) Le concours réel d'infractions

Distinct de la récidive, le concours réel d'infractions se singularise par la commission d'une pluralité d'infractions sans que l'auteur n'ait encore fait l'objet d'une condamnation pénale pour la ou les premières d'entre elles. Faute d'un précédent avertissement solennel par le biais d'une peine définitive, l'aggravation de la sanction, légitime en cas de récidive, ne vaut plus ici. Mieux, raisonnant comme si une seule infraction avait été réalisée, le législateur instaure des règles qui prohibent le cumul pur et simple de toutes les peines afférentes aux diverses infractions en concours. Une exception doit toutefois être immédiatement signalée concernant les peines d'amende pour contraventions, lesquelles se cumulent entre elles et avec celles prononcées pour un crime ou un délit en concours (C. pén., art. 132-7).

Ces règles divergent selon que ces infractions font l'objet d'une même procédure ou de procédures séparées.

1) Le cas d'unité de procédure

L'article 132-3 prévoit que « lorsque, à l'occasion d'une même procédure, la personne poursuivie est reconnue coupable de plusieurs infractions en concours, chacune des peines encourues peut être prononcée. Toutefois, lorsque plusieurs peines de même nature sont encourues, il ne peut être prononcé qu'une seule peine de cette nature dans la limite du maximum légal le plus élevé ».

Que retenir de cette disposition ? Que le législateur pose un principe, celui du cumul des peines encourues, qu'il assortit d'un tempérament essentiel, celui du non-cumul des peines de même nature.

Ainsi, un individu, poursuivi pour un crime l'exposant à une peine de réclusion criminelle et pour un délit puni d'une peine d'amende et de peines complémentaires, telles l'interdiction des droits civils, civiques et de famille, la confiscation et la publicité de la condamnation, pourra se voir condamné à l'ensemble de ces sanctions, toutes étant de nature différente. En revanche, s'agissant de peines de même nature dont l'identité se définit en fonction de leur objet (réclusion et emprisonnement, amende et jours-amendes, les peines de suspension du permis de conduire entre elles...), il ne peut en être prononcé qu'une dans la limite du maximum légal le plus élevé. Autrement dit, les peines de même nature sont prononcées sous la forme d'une peine unique dont le quantum est, au plus, égal au maximum prévu pour l'infraction la plus sévèrement réprimée de toutes celles en concours.

2) Le cas de poursuites séparées

La situation est alors celle où chacune des infractions en concours donne lieu à une procédure distincte, chaque juridiction prononçant les peines prévues pour l'infraction dont elle est saisie. La difficulté survient alors non plus au moment du prononcé, mais à l'heure de l'exécution des peines. Celle-ci trouve résolution à l'article 132-4 : « Lorsqu'à l'occasion de poursuites séparées, la personne poursuivie a été reconnue coupable de plusieurs infractions en concours, les peines prononcées s'exécutent cumulativement dans la limite du maximum légal le plus élevé. Toutefois la confusion totale ou partielle des peines de même nature peut être ordonnée soit par la dernière juridiction appelée à statuer, soit dans les conditions prévues par le Code de procédure pénale ».

Cet article postule clairement une réduction du maximum légal puisque, si les peines prononcées s'additionnent, ce cumul n'est admis qu'autant qu'il ne dépasse pas le maximum le plus élevé. On retrouve donc ici le même seuil que précédemment, ce qui est, somme toute, très cohérent : on ne saurait en effet légitimement faire dépendre la sévérité de la répression de l'unité ou de la pluralité de procédure.

L'application de ce principe soulève deux difficultés.

La première apparaît lorsqu'une des infractions en concours est assortie d'une réclusion à perpétuité. Faute d'un maximum légal déterminé, la perpétuité encourue mais non prononcée devrait autoriser, en application de la règle du cumul, l'addition de l'ensemble des peines privatives de liberté sans aucune limite. C'est pourquoi l'article 132-5, alinéa 3, précise que le maximum légal est alors fixé à trente ans de réclusion criminelle.

La seconde est liée au prononcé de la réclusion criminelle à perpétuité pour l'un des crimes en concours. Dans un tel cas, exiger le cumul des peines prononcées reviendrait à l'absurde. Aussi le législateur prévoit-il à l'alinéa 1er de l'article 132-5 du Code pénal que toute peine privative de liberté à temps est alors confondue avec la peine perpétuelle qui seule sera exécutée. La confusion des peines, ici incontournable, s'impose au juge.

Dans d'autres cas, le cumul, bien que possible, sera évincé au profit d'une confusion partielle ou totale, laissée à la discrétion du magistrat. La dernière juridiction de jugement statuant peut en effet ordonner la ***confusion des peines*** qu'elle prononce avec celles antérieurement infligées, de sorte qu'elles sont considérées s'effectuer en même temps :

- ***premier exemple*** : la première condamnation emportait une réclusion de quinze ans (maximum légal encouru : vingt ans), la seconde un emprisonnement de cinq ans et une amende de 4 500 euros. La deuxième juridiction peut décider du cumul des peines (c'est-à-dire vingt ans), ou d'une confusion totale de l'emprisonnement avec la réclusion (durée totale de l'incarcération égale à quinze ans), ou encore d'une confusion partielle de deux ans par exemple, le total de vingt étant ramené à dix-huit ans ;
- ***second exemple*** : deux infractions identiques ont pour maximum légal dix ans d'emprisonnement. La première condamnation inflige sept ans, la seconde cinq ans. Il y a alors une confusion obligatoire de deux ans afin que le total ne soit pas supérieur au maximum légal (7 + 3), mais la confusion peut aussi être plus importante, de quatre ans par exemple (7 + 1), voire être totale (7 + 0).

■ *La détermination de la peine par le juge*

Personnaliser la peine revient à l'individualiser : il s'agit pour le juge de la choisir à la mesure du coupable, en considération des circonstances de l'infraction et de la personnalité de son auteur.

Aujourd'hui principe fondamental du droit pénal, la *personnalisation des peines* (C. pén., art. 132-1) explique et justifie que la peine concrètement infligée au condamné ne soit pas purement et simplement le décalque de celle abstraitement définie par le législateur.

Il y a loin en effet entre la peine encourue et la peine prononcée.

a) L'ajournement et la dispense de peine

C'est ici le choix du juge de ne pas prononcer de peine alors qu'il reconnaît la culpabilité de l'intéressé. Loin d'être discrétionnaire, cette faculté, toujours réservée aux domaines correctionnel et/ou contraventionnel, ne peut s'inscrire que dans le respect de trois conditions cumulatives : le reclassement du coupable, la réparation du dommage causé par l'infraction et la cessation du trouble à l'ordre public.

Deux cas sont à envisager :

- cette triple condition est satisfaite au moment où la juridiction de jugement statue. Les juges peuvent alors, à leur gré, décider de ne prononcer aucune peine, ni principale, ni complémentaire. Il s'agit de la *dispense de peine* régie aux articles 132-58 et 132-59 du Code pénal ;
- cette triple condition, non encore remplie, est en bonne voie de l'être. La juridiction peut alors décider d'ajourner le prononcé de la peine en fixant, dans un délai d'un an, la date à laquelle elle statuera à nouveau sur la peine. Lors de cette seconde audience, les juges, selon que les conditions seront à ce moment ou non satisfaites, condamneront, dispenseront de peine ou ajourneront une seconde mais dernière fois.

L'ajournement du prononcé de la peine peut être un ***ajournement simple***, le tribunal se contentant de différer sa décision sur le prononcé de la sanction (C. pén., art. 132-60 à 132-62). Mais il peut aussi s'agir d'un ***ajournement avec mise à l'épreuve***. Aménagé au seul bénéfice des auteurs personnes physiques d'un délit (C. pén., art. 132-58 et 132-63 à 132-65), l'ajournement est alors soumis au régime défini pour le sursis avec mise à l'épreuve, accompagné des mêmes mesures d'aide et de contrôle ainsi que des mêmes obligations particulières.

Enfin, dernière modalité de l'ajournement, restreint aux seuls cas prévus par les lois et règlements qui répriment des manquements à des obligations déterminées : l'***ajournement avec injonction***. Celui-ci consiste à enjoindre au coupable d'exécuter, éventuellement sous la menace d'une astreinte, la ou les prescriptions légales ou réglementaires qu'il avait méconnues. C'est à la juridiction de jugement d'en préciser la nature et de fixer le délai dans lequel cette exécution devra avoir lieu, sans possibilité de reconduction. À l'audience de renvoi, si ces obligations ont été accomplies, les juges peuvent dispenser le coupable de peine ou la prononcer. Dans le cas contraire, la condamnation n'a plus d'alternative et l'astreinte est liquidée.

Depuis la loi du 15 août 2014, ***deux autres cas d'ajournement existent***. Leur objet est tout autre puisque l'ajournement n'est plus alors en lien avec une éventuelle dispense de peine qui pourrait suivre :

- le premier est l'***ajournement aux fins d'enquête de personnalité*** (C. pén., art. 132-70-1). Il permet au tribunal correctionnel, dans tous les cas, d'ajourner le prononcé de la peine lorsque, après avoir déclaré le prévenu coupable, il lui apparaît que des investigations supplémentaires sur sa personnalité ou sur sa situation matérielle, familiale et sociale sont nécessaires au choix de la sanction la plus adaptée. L'audience de renvoi doit ici intervenir dans un délai maximal de quatre mois, renouvelable une fois ;
- le second est l'***ajournement aux fins de consignation d'une somme d'argent en vue de garantir le paiement d'une éventuelle amende*** (C. pén., art. 132-70-3). La juridiction fixe le montant de la somme et le délai pour effectuer la consignation. La décision sur la peine doit alors intervenir dans un délai d'un an.

b) Le sursis

Tout en étant reconnu coupable et effectivement condamné, l'auteur de l'infraction est dispensé de l'exécution de sa peine : on dit alors que la condamnation est assortie d'un sursis.

Cette dispense est toujours conditionnelle, subordonnée à la bonne conduite du coupable pendant un certain délai.

Si à l'expiration de celui-ci la condition est remplie, la condamnation est alors réputée non avenue. Dans le cas contraire, la défaillance du sursitaire entraîne révocation du sursis et la peine jusqu'alors suspendue est ramenée à exécution.

Introduit pour la première fois en France par la loi du 26 mars 1891 dite « Loi *Béranger* », le sursis n'a cessé depuis lors de recevoir les faveurs du législateur. Témoins, ces trois dates à retenir :

- ***1958 et 1983*** : adoption de deux lois par lesquelles le législateur a diversifié les modalités du sursis en adjoignant au sursis originel (dit sursis simple) le sursis avec mise à l'épreuve et le sursis avec travail d'intérêt général, ces deux nouvelles modalités ayant pour point commun d'imposer au sursitaire un régime d'épreuves surveillées ;
- ***1992*** : par la réforme du Code pénal, le sursis a en effet changé de « statut » ; de l'exception, il est devenu, s'agissant des peines d'emprisonnement, la règle puisque tout emprisonnement prononcé sans sursis doit être spécialement motivé (C. pén., art. 132-19, al. 3). Cette motivation articulée autour des faits de l'espèce, de la personnalité de son auteur et de sa situation matérielle, familiale et sociale, réintroduit ici directement le principe d'individualisation de la peine. Aujourd'hui, cette exigence de motivation s'applique indifféremment à l'ensemble des personnes condamnées, récidivistes ou non.

1) Le sursis simple

- LES CONDITIONS D'OCTROI

Évoquons tout d'abord les ***conditions tenant au passé pénal du délinquant***.

Si le délinquant est une personne physique, le sursis ne peut bénéficier qu'à celui qui n'a pas été condamné dans les cinq années précédant les faits à une peine de réclusion ou d'emprisonnement, avec ou sans sursis, pour un crime ou un délit de droit commun (C. pén., art. 132-30, al. 1er et 132-33, al. 1er).

Si le délinquant est une personne morale, le sursis ne peut être ordonné, en matière criminelle ou correctionnelle, que lorsque celle-ci n'a pas été condamnée, dans le même délai, pour un crime ou un délit de droit commun, à une amende d'un montant supérieur à 60 000 euros ou, en matière contraventionnelle, à une amende d'un montant supérieur à 15 000 euros (C. pén., art. 132-30, al. 2 et 132-33, al. 2).

Il existe ensuite une ***condition tenant à la peine prononcée***.

En matière criminelle et correctionnelle, pour les personnes physiques, le sursis peut être prononcé pour toute condamnation à l'emprisonnement (dès lors qu'il est d'une durée au plus égale à cinq ans), à l'amende, à la peine de jours-amende, aux peines privatives et restrictives de liberté de l'article 131-6 du Code pénal (exception faite de la confiscation) ainsi qu'aux peines complémentaires de l'article 131-10 hormis la confiscation, la fermeture d'établissement et l'affichage de la condamnation (C. pén., art. 132-31, al. 1er).

Pour les personnes morales, le sursis peut assortir les condamnations à l'amende ainsi que certaines des peines de l'article 131-39, à savoir l'interdiction professionnelle, l'exclusion des marchés publics, l'interdiction de faire appel public à l'épargne et l'interdiction d'émettre des chèques (C. pén., art. 132-32).

En matière contraventionnelle, il est nécessaire de distinguer selon l'auteur et les classes de contravention.

Pour les personnes physiques, le sursis peut être accordé pour toute condamnation aux peines privatives ou restrictives de droits énumérées à l'article 131-14 (exception faite de la confiscation) ainsi qu'à certaines peines complémentaires de l'article 131-16 (suspension du permis de conduire, interdiction de détention ou de port d'armes, retrait du permis de chasser) et à la peine d'interdiction bancaire de l'article 131-17, alinéa 1er. S'agissant des contraventions de 5e classe, le sursis peut également accompagner la condamnation à une peine d'amende (C. pén., art. 132-34, al. 1er).

Pour les personnes morales, le sursis est limité aux peines d'interdiction d'émettre des chèques ou d'utiliser des cartes de paiement. Il est toutefois également applicable à l'amende prononcée pour les contraventions de la 5e classe (C. pén., art. 132-34, al. 2).

- Les effets de l'octroi

Dès qu'il est prononcé, le sursis emporte ***dispense d'exécuter*** la peine prononcée. Celle-ci se trouve donc suspendue, et n'est pas exigible, du moins pour la partie assortie du sursis puisque le juge a également la possibilité, concernant les peines d'emprisonnement, de n'accorder qu'un sursis partiel (C. pén., art. 132-31, al. 3).

Mais comme il a été dit précédemment, la dispense n'est pas définitivement acquise. Durant un certain délai imposé par la loi, elle n'est encore que ***conditionnelle***, la condition étant que le bénéficiaire du sursis ne soit pas à nouveau condamné pénalement. L'alternative est aisée : soit le condamné rechute, soit il ne rechute pas. Dans le premier cas, il y a possible révocation du sursis, dans le second, la condamnation est réputée non avenue.

Il convient d'étudier tout d'abord la ***rechute entraînant révocation du sursis*** : la rechute s'entend comme la commission d'une nouvelle infraction donnant lieu à condamnation. Toute nouvelle condamnation n'est cependant pas prise en considération. Là encore des distinctions s'imposent. Ainsi peut-il y avoir révocation lorsque :

- le sursitaire pour crime ou délit commet, dans un délai de cinq ans, un crime ou un délit de droit commun pour lequel il est condamné sans sursis. Si cette nouvelle condamnation est une condamnation à une peine privative de liberté, elle entraîne révocation de tout sursis précédemment accordé, et ce quelle que soit la peine à laquelle il se rattachait. S'il s'agit d'une autre peine qu'une peine privative de liberté, la révocation n'affecte que le sursis afférent à une peine de même nature (C. pén., art. 132-36) ;
- le sursitaire pour contravention commet, dans un délai de deux ans, un crime ou un délit de droit commun ou une contravention de 5e classe pour lequel il est condamné sans sursis. La révocation opère de la même façon, selon que la nouvelle peine est ou non privative de liberté (C. pén., art. 132-37).

Aux termes de la loi, la condamnation ferme (exigence commune) n'entraîne toutefois pas de plein droit révocation du sursis. C'est à la juridiction, individualisation oblige, d'en décider, la révocation impliquant une motivation spéciale. Si révocation il y a, ceci signifie que la peine jusqu'alors suspendue devient exigible. Le condamné doit exécuter, sans qu'elles ne puissent se confondre, cette première peine et celle afférente à la deuxième infraction commise pour laquelle les peines seront par ailleurs aggravées dans l'hypothèse d'une situation légale de récidive.

Penchons-nous ensuite sur l'***absence de rechute réputant la condamnation non avenue*** : le sursitaire est ici, d'une certaine manière, récompensé de sa bonne conduite puisque la condamnation est effacée. Ainsi, non seulement les peines infligées n'auront jamais à être exécutées, mais au surplus la condamnation disparaît du bulletin n° 2 du casier judiciaire si elle y était inscrite et elle cesse d'être un obstacle au bénéfice d'un éventuel nouveau sursis pour l'avenir.

Cependant, l'effacement n'est pas pleinement rétroactif. L'article 132-39 du Code pénal précise en effet que lorsque le sursis n'a été que partiel, la partie de la peine d'amende ou de jours-amende qui n'en était pas assortie reste due, et ce alors même que la condamnation est réputée non avenue dans tous ses éléments. À ceci il faut ajouter (CPP, art. 736) que le paiement des dommages et intérêts au profit de la victime demeure également à la charge du condamné. Une telle mesure ne saurait en effet légitimement nuire aux droits des tiers.

2) Les sursis probatoires

Ceux-ci supposent que le sursitaire apporte les preuves de son aptitude à la réinsertion sociale. Il n'a pas simplement à ne pas « se rappeler au bon souvenir » de la justice pendant le délai imparti par la loi (comme dans le cadre du sursis simple). Il doit en plus se soumettre à un certain nombre d'obligations pendant ce délai dit « délai d'épreuves ».

● SIMILITUDE DES CONDITIONS D'OCTROI DES DIFFÉRENTS SURSIS PROBATOIRES

Même si la formulation peut surprendre, leurs conditions d'octroi sont à la fois plus restrictives et plus souples que celles du sursis simple.

Plus restrictives, car ces sursis sont limités aux seules condamnations à l'emprisonnement de cinq ans au plus prononcées pour un crime ou un délit de droit commun ; ce plafond étant toutefois porté à dix ans au plus à l'égard des récidivistes (loi du 12 décembre 2005). Toute autre peine, principale ou complémentaire, en est exclue.

Plus souples, car le passé pénal du condamné est indifférent, quelle que soit sa teneur, s'agirait-il même d'un multirécidiviste. Toutefois, le nombre de sursis avec mise à l'épreuve est, dans les cas spécifiés par la loi, limité pour les récidivistes. Ainsi, et pour n'en donner qu'un exemple, la juridiction ne peut prononcer un tel sursis à l'égard d'une personne qui se trouve en état de récidive légale et alors qu'elle a déjà fait l'objet de deux condamnations assorties du sursis avec mise à l'épreuve pour des délits identiques ou assimilés au sens des articles 132-16 à 132-16-4 du Code pénal (C. pén., art. 132-41, al. 3, introduit par la loi du 12 décembre 2005 sur la récidive).

- LE SURSIS AVEC MISE À L'ÉPREUVE

L'épreuve imposée au ***probationnaire*** se compose de deux grandes catégories de devoirs, en contrepartie desquels le condamné peut bénéficier de mesures d'aide à caractère social et/ou matériel destinées à le seconder dans ses efforts vers son reclassement (C. pén., art. 132-46).

La première catégorie de devoirs est constituée par les « ***mesures de contrôle*** ». Elles sont au nombre de six, énumérées à l'article 132-44 du Code pénal : répondre aux convocations du juge de l'application des peines ou de l'agent de probation désigné ; recevoir les visites du travailleur social et lui communiquer tout document utile au contrôle de la bonne exécution des obligations ; prévenir de ses changements d'emploi ; informer de ses changements de résidence ainsi que de tout déplacement de plus de quinze jours ; obtenir l'autorisation du juge de l'application des peines pour tout changement d'emploi ou de résidence de nature à faire obstacle à l'exécution de ses obligations ; l'informer de tout déplacement à l'étranger.

La deuxième catégorie de devoirs comprend des obligations particulières qui, après appréciation de la juridiction de jugement ou du juge de l'application des peines, peuvent lui être spécialement choisies et imposées parmi les 22 prévues par la loi (C. pén., art. 132-45). Ces obligations sont les suivantes : exercer une activité professionnelle ou suivre un enseignement ou une formation professionnelle ; établir sa résidence en un lieu déterminé ; se soumettre à des examens médicaux, à un traitement ou à des soins même sous le régime de l'hospitalisation ; justifier de ses contributions aux charges familiales ou du paiement des pensions alimentaires ; réparer, en fonction de ses facultés contributives, les dommages causés par l'infraction même en l'absence de décision sur l'action civile ; justifier, dans la même mesure, de l'acquittement des sommes dues au Trésor public ; s'abstenir de conduire certains véhicules ; ne pas exercer d'activité professionnelle dans l'exercice ou à l'occasion de laquelle l'infraction a été commise ou une activité impliquant un contact habituel avec les mineurs ; s'abstenir de paraître en certains lieux ; ne pas engager de paris ; ne pas fréquenter de débits de boissons ; ne pas fréquenter certains condamnés (notamment auteurs et complices de l'infraction) ; ne pas entrer en relation avec certaines personnes, notamment la victime ou catégorie de victimes telle celle des mineurs ; ne pas détenir ou porter d'armes ; accomplir un stage de sensibilisation à la sécurité routière ; s'abstenir de diffuser tout ouvrage ou œuvre audiovisuelle et d'intervenir publiquement ; remettre ses enfants à ceux auxquels la garde a été confiée ; accomplir un stage de citoyenneté ; quitter le domicile ou la résidence du couple en cas d'infractions commises sur son conjoint, son concubin ou ses enfants ; accomplir un stage de responsabilisation pour la prévention et la lutte contre les violences au sein du couple et sexistes ; obtenir l'autorisation du juge de l'application des peines pour tout déplacement à l'étranger.

Le sursis avec mise à l'épreuve est compris entre douze mois et trois ans (mais cinq ans voire sept ans pour les récidivistes et multirécidivistes).

L'inexécution de l'un ou de l'autre de ces devoirs peut conduire à la révocation du sursis. Par ailleurs, la révocation en totalité ou pour partie du sursis est possible lorsqu'au cours du délai d'épreuves le condamné commet un crime ou un délit de droit commun suivi d'une condamnation à une peine privative de liberté ferme (C. pén., art. 132-48). Il est important de signaler que, dans l'une et l'autre hypothèse, la révocation n'est jamais de droit, elle n'a donc aucun caractère automatique. C'est à la juridiction saisie, quand elle le souhaite, de la prononcer expressément. Et encore peut-elle ne la prononcer que partiellement (C. pén., art. 132-49, al. 1er).

- Le sursis avec travail d'intérêt général

Ce sursis, qui ne peut être imposé à un condamné qui n'y consentirait pas, prescrit au probationnaire des devoirs qui viennent remplacer l'emprisonnement dans son intégralité (pas de sursis partiel ici) : en premier lieu, l'obligation d'accomplir un travail d'intérêt général, d'une durée comprise entre 20 et 280 heures, dont le régime répond aux mêmes conditions que lorsqu'il est infligé à titre de peine ; en deuxième lieu, des « mesures de contrôle » auxquelles, comme précédemment, il doit satisfaire pour le tout (C. pén., art. 132-55) ; en dernier lieu interviennent des obligations particulières prises parmi celles de l'article 132-45 du Code pénal que la juridiction lui aura spécifiquement imposées selon son appréciation de leur opportunité.

Le délai d'épreuve est ici celui déterminé pour l'exécution du travail d'intérêt général, dans la limite des dix-huit mois énoncée à l'article 131-22 du Code pénal. L'issue de l'épreuve est identiquement variable en fonction du succès ou de l'échec de la mesure, avec cette précision que la condamnation est considérée comme non avenue avant même l'expiration du terme fixé par la juridiction et ce dès l'accomplissement de la totalité du travail (C. pén., art. 132-54, al. 4), à moins que n'y fasse obstacle l'inexécution de l'une des mesures de contrôle ou des autres obligations particulières.

Les aménagements de la peine prononcée

La juridiction de jugement, au moment du prononcé de la peine privative de liberté, peut décider que son exécution sera aménagée. À ce titre, quatre mesures sont envisageables, toutes présentant pour objectif commun de pallier, autant que faire se peut, l'un des inconvénients majeurs de l'incarcération, à savoir la désocialisation du condamné.

a) La semi-liberté

La semi-liberté (C. pén., art. 132-25) peut être décidée à l'égard d'un condamné à une peine d'emprisonnement d'une durée maximale de deux ans – ou un an au plus s'il s'agit d'un récidiviste – (condition tenant à la peine prononcée) lorsqu'il justifie de l'exercice d'une activité professionnelle, même temporaire, du suivi d'un stage, de son assiduité à un enseignement, à une formation professionnelle ou à la recherche d'un emploi, de sa participation essentielle à la vie de la famille, de la nécessité de suivre un traitement médical, ou, plus largement, « *d'efforts sérieux de réadaptation sociale résultant de son implication durable dans tout autre projet d'insertion* » (condition d'intérêt légitime).

Admis à un tel régime, le condamné est autorisé à quitter l'établissement pénitentiaire pour le temps nécessaire à la réalisation de ses activités, en respectant naturellement les modalités précisément définies, tels les jours et heures de sortie et de retour. Le reste du temps, le condamné doit demeurer dans l'établissement (C. pén., art. 132-26, al. 1er).

La juridiction peut soumettre l'intéressé aux mesures de contrôle et aux obligations particulières prévues pour le sursis avec mise à l'épreuve (C. pén., art. 132-26, dernier al.).

b) Le placement à l'extérieur

Le placement à l'extérieur permet au condamné d'être employé à l'extérieur de l'établissement pénitentiaire à des travaux contrôlés par l'administration. Son octroi est soumis aux deux mêmes conditions que la semi-liberté (C. pén., art. 132-25, al. 7). Et de la même manière, le détenu peut être soumis aux mesures et obligations du sursis avec mise à l'épreuve (C. pén., art. 132-26, dernier al.).

c) Le placement sous surveillance électronique

Ce placement suppose, outre les deux conditions déjà précisées pour la semi-liberté, l'accord de l'intéressé (C. pén., art. 132-26-1, al. 7). Ce consentement préalable nécessaire s'explique à raison du caractère contraignant de cette mesure d'aménagement, qualifiée parfois de « prison à domicile ». Elle comporte en effet interdiction pour le condamné de s'absenter de chez lui en dehors des périodes déterminées par le juge pour l'exercice de l'activité qui a motivé son octroi (C. pén., art. 132-26-2).

La privation de liberté telle qu'entendue classiquement est donc ici remplacée par une surveillance continue, grâce à un bracelet électronique, qui permet de contrôler à distance le respect, par l'intéressé, de l'interdiction. Par ailleurs, celui-ci peut à nouveau être soumis aux mesures et obligations du sursis avec mise à l'épreuve (C. pén., art. 132-26-3).

d) Le fractionnement de la peine

Le fractionnement de la peine qui permet d'étaler dans le temps l'exécution de la peine (exécution par fractions), peut être décidé en raison d'un motif d'ordre médical, familial, social ou professionnel (C. pén., art. 132-27). Exclu en matière criminelle, le fractionnement peut concerner l'emprisonnement d'une durée maximale de deux ans – un an au plus s'il s'agit d'un récidiviste – (C. pén., art. 132-27), mais aussi la peine d'amende, quel que soit son montant, la peine de jours-amende ou celle de suspension du permis de conduire (C. pén., art. 132-28).

Dans tous les cas, la peine doit s'effectuer sur une période maximale de quatre ans s'agissant de la peine d'emprisonnement, de trois ans pour les autres. Pour l'emprisonnement, chaque fraction est obligatoirement au moins égale à deux jours.

2 L'exécution de la peine privative de liberté

La peine subie par le condamné n'est que rarement le reflet de la peine prononcée. Soucieux d'encourager l'individualisation de la peine, même après son prononcé, le législateur commande une adaptation de la peine au cours de son exécution, afin qu'elle suive l'évolution de la situation et de la personnalité de celui qu'elle atteint Selon l'article. 707, II du Code de procédure pénale, « le régime d'exécution des peines privatives et restrictives de liberté vise à préparer l'insertion ou la réinsertion de la personne condamnée afin de lui permettre d'agir en personne responsable, respectueuse des règles et des intérêts de la société et d'éviter la commission de nouvelles infractions ». Le III poursuit, « Toute personne condamnée incarcérée en exécution d'une peine privative de liberté bénéficie, chaque fois que cela est possible, d'un retour progressif à la liberté (...) ».

Dans cet esprit, la loi du 15 août 2014 a créé la ***libération sous contrainte*** (CPP, art. 720). Elle peut être définie comme l'examen obligatoire de la situation de toute personne condamnée à une peine inférieure ou égale à cinq ans d'emprisonnement dès lors qu'elle a accompli les deux tiers de sa peine. Cet examen, relevant de la compétence du juge d'application des peines, a pour objet de déterminer s'il prononce ou non une libération sous contrainte, laquelle suppose l'accord du condamné. Accordée, la libération sous contrainte entraîne l'exécution du reliquat de peine sous le régime, selon la décision du magistrat, de la semi-liberté, du placement à l'extérieur, du placement sous surveillance électronique ou de la libération conditionnelle. Parallèlement, pour ceux condamnés à une peine de plus de cinq ans, cette même loi impose l'examen de leur situation, par le juge ou le tribunal de l'exécution des peines, une fois, là encore, que les deux tiers de la peine accomplis, en vue de l'octroi d'une libération conditionnelle (CPP, art. 730-3).

Ces aménagements peuvent toutefois rencontrer pour obstacle la période de sûreté prononcée par la juridiction de jugement

■ *La période de sûreté, obstacle aux aménagements*

En prononçant une peine privative de liberté assortie d'une période de sûreté, la juridiction de jugement ***prive*** le condamné, durant toute cette période, de la possibilité d'obtenir ultérieurement certaines ***mesures de faveur*** telles les placements à l'extérieur, les permissions de sortir, la libération conditionnelle, ou encore la semi-liberté et le fractionnement de la peine. L'optique sécuritaire à l'égard des individus qui se sont montrés particulièrement dangereux et la nécessaire protection de l'ordre public paralysent toute possibilité d'aménagement de l'exécution de la peine.

a) La période de sûreté obligatoire

La période de sûreté obligatoire présente la particularité de se rattacher de plein droit à la condamnation sans que le juge ne puisse décider de son opportunité. C'est ici le législateur qui impose une modalité d'incarcération plus sévère.

Son domaine d'application est doublement délimité par l'article 132-23, alinéa 1. Ainsi, le condamné y est soumis lorsqu'est prononcée à son encontre une peine privative de liberté sans sursis, d'une durée au moins égale à dix ans, pour une des infractions spécialement déterminées par la loi. Faute que cette disposition n'en rappelle la liste, il revient à l'interprète de rechercher dans le texte de pénalité propre à chaque incrimination s'il y est fait ou non mention de cette période. Sans vouloir être ici exhaustif, voici néanmoins quelques illustrations d'infractions la prévoyant : les crimes contre l'humanité (C. pén., art. 211-1 à 212-3), les meurtres aggravés et l'empoisonnement (C. pén., art. 221-2 à 221-5), les tortures et actes de barbarie (C. pén., art. 222-1 à 222-6), certaines infractions de violence sur mineurs de quinze ans (C. pén., art. 222-12 et 222-14), le trafic de stupéfiants (C. pén., art. 222-34 à 222-39-1), l'enlèvement et la séquestration (C. pén., art. 224-1 à 224-5), les infractions de terrorisme (C. pén., art. 421-3 à 421-5).

Quant à sa durée, l'alinéa 2 de l'article 132-23 prévoit qu'elle est de la moitié de la peine prononcée ou, s'il s'agit d'une condamnation à la réclusion criminelle à perpétuité, de dix-huit ans. Cette durée n'est toutefois qu'indicative. Possibilité est en effet offerte à la juridiction de jugement de la moduler soit en l'abrégeant, et là toute latitude est concédée, soit en l'augmentant pour la porter jusqu'aux deux tiers de la peine, ou s'il s'agit d'une condamnation criminelle à perpétuité, jusqu'à vingt-deux ans.

La Cour d'assises peut même, par « décision spéciale », la porter à trente ans, voire décider qu'elle s'appliquera à perpétuité lorsqu'elle prononce une condamnation pour meurtre ou assassinat d'un mineur de quinze ans précédé ou accompagné d'un viol, de tortures ou d'actes de barbarie, pour assassinat ou meurtre commis en bande organisée d'un magistrat, d'un fonctionnaire de la police nationale, d'un militaire de la gendarmerie, d'un membre du personnel de l'administration pénitentiaire ou de toute autre personne dépositaire de l'autorité publique, à l'occasion de l'exercice ou en raison de ses fonctions (C. pén., art. 221-3 et 221-4) ou pour actes de terrorisme (C. pén., art. 421-7). Dans ces hypothèses, la période de sûreté fait alors figure de « perpétuité réelle », la peine infligée devenant incompressible. Pour autant, toute possibilité d'aménagement ultérieure n'est pas définitivement annihilée. Le tribunal de l'application des peines peut en effet, mais à titre exceptionnel, mettre fin à la période de sûreté (CPP, art. 720-4 et 720-5). Encore faut-il, a minima, que le condamné ait exécuté au moins trente ans d'incarcération, qu'il ait manifesté des gages sérieux de réadaptation sociale et qu'un collège de trois experts médicaux se soient prononcés sur son état de dangerosité.

b) La période de sûreté facultative

Facultative car laissée ici à l'appréciation des juges dans la mise en œuvre de leur pouvoir d'individualisation.

Elle vise toute peine privative de liberté d'une durée supérieure à cinq ans, non assortie du sursis, quelle que soit l'infraction qu'elle concerne.

C'est à la juridiction qui l'inflige d'en déterminer librement la durée, sans toutefois qu'elle ne puisse excéder les deux tiers de la peine ou vingt-deux ans s'il s'agit d'une réclusion à perpétuité.

■ *L'aménagement du temps de l'incarcération*

a) Semi-liberté, placement à l'extérieur, fractionnement de la peine et placement sous surveillance électronique

Si le juge de jugement peut recourir à l'une ou l'autre de ces quatre mesures au moment du prononcé de la peine, la même possibilité est reconnue, en aval, aux juridictions de l'application des peines.

Pour l'essentiel, ces mesures obéissent au même régime que lorsqu'elles sont décidées lors de l'audience.

En revanche, leurs conditions d'octroi sont plus larges. Ainsi, la semi-liberté et le placement sous surveillance électronique bénéficient également aux condamnés qui pourraient être admis au régime de la libération conditionnelle (CPP, art. 723-1 et 723-7). Par ailleurs, le placement à l'extérieur, accompagné d'une surveillance exercée par le personnel pénitentiaire, concerne également ici les détenus ayant à subir une durée d'incarcération au plus égale à cinq ans et qui n'ont pas été condamnés auparavant à une peine privative de liberté supérieure à six mois, mais également les condamnés pouvant bénéficier d'une semi-liberté ou d'une libération conditionnelle (CPP, art. D. 128), dès lors que les uns et les autres présentent des garanties suffisantes pour la sécurité et l'ordre public.

b) Les permissions de sortir

Selon l'article 723-3 du Code de procédure pénale, la permission de sortir a pour objet de préparer la réinsertion professionnelle ou sociale du condamné, de maintenir ses liens familiaux ou de lui permettre d'accomplir une obligation exigeant sa présence. Elle consiste en l'autorisation donnée de s'absenter de l'établissement pénitentiaire pour une période de temps déterminée qui s'impute sur la durée de la peine en cours d'exécution. Cette période, qui varie en fonction des motifs pour lesquels la permission est accordée mais aussi de la durée de la peine privative de liberté prononcée ou restant à courir, est comprise entre un et dix jours (CPP, art. D. 143 à D. 146).

■ *L'abrégement du temps d'incarcération*

a) Les réductions de peine

Le détenu bénéficie d'un crédit de réduction de peine auquel peuvent s'adjoindre des réductions supplémentaires et exceptionnelles.

1) Le crédit de réduction de peine

Selon l'article 721 du Code de procédure pénale, à chaque condamné est accordé un crédit de peine, calculé sur la durée de condamnation, à hauteur de trois mois pour la première année, de deux mois pour les années suivantes, et, pour une peine de moins d'un an ou pour la partie de peine inférieure à une année pleine, de sept jours par mois.

Le bénéfice de ce crédit, octroyé de plein droit (ce qui permet au condamné, dès son incarcération, de connaître la date prévisible de sa libération), peut toutefois être retiré, par le juge de l'application des peines, en cas de mauvaise conduite ou, dans certaines hypothèses, de refus de soins en détention (CPP, art. 721, al. 2), ou par la juridiction de jugement dans l'hypothèse où l'intéressé commettrait un nouveau crime ou délit après sa libération, pendant la période correspondant à la réduction (CPP, art. 721, al. 3).

2) La réduction de peine supplémentaire

Elle vient s'ajouter au crédit de peine au profit des condamnés qui manifestent des efforts sérieux de réadaptation sociale « notamment en passant avec succès un examen scolaire, universitaire ou professionnel traduisant l'acquisition de connaissances nouvelles, en justifiant de progrès réels dans le cadre d'un enseignement ou d'une formation, en s'investissant dans l'apprentissage de la lecture, de l'écriture et du calcul, ou en participant à des activités culturelles, et notamment de lecture, en suivant une thérapie destinée à limiter les risques de récidive ou en s'efforçant d'indemniser leurs victimes » (CPP, art. 721-1, al. 1er).

Ces réductions, accordées par le juge de l'application des peines, sont de trois mois par année d'incarcération ou de sept jours par mois pour une peine inférieure à un an.

En considération de l'infraction pour laquelle la condamnation a été prononcée, le législateur prévoit quelques règles particulières dont l'objet est soit de diminuer le quantum des réductions supplémentaires accordées (hypothèse du refus opposé par certains condamnés de suivre des soins), soit même de les exclure (notamment auteurs d'infractions à caractère sexuel) sauf décision contraire du juge de l'application des peines.

3) La réduction de peine exceptionnelle

Une réduction de peine exceptionnelle, dont le quantum peut aller jusqu'au tiers de la peine, peut être prononcée en faveur des condamnés repentis dont les déclarations ont permis de faire cesser ou d'éviter la commission d'une infraction relevant de la criminalité organisée (CPP, art. 721-3).

Lorsque le repenti est condamné à la réclusion criminelle à perpétuité, une réduction exceptionnelle du temps d'épreuve lui permettant d'accéder au bénéfice de la libération peut lui être accordée dans la limite de cinq années. Ces réductions sont accordées par le tribunal de l'application des peines.

b) La libération conditionnelle

Le condamné à une peine privative de liberté quelle qu'elle soit (réclusion, détention, emprisonnement) peut bénéficier d'une libération anticipée lui permettant ainsi de finir son temps d'incarcération sous le régime de la liberté.

Instituée par une loi de 1885, la libération conditionnelle fut l'une des toutes premières mesures d'individualisation de la peine d'emprisonnement destinée aux « condamnés qui en auront été dignes... ». Depuis lors, elle a fait l'objet de nombreuses réformes. Ses conditions d'octroi ainsi que les autorités compétentes pour l'accorder ont été profondément remaniées.

Concernant son octroi, l'article 729 alinéas 2 et suivants du Code de procédure pénale réserve cette mesure au condamné qui manifeste des efforts de réadaptation sociale et qui justifie soit de l'exercice d'une activité professionnelle ou d'un stage ou d'un emploi temporaire, soit de l'assiduité à un enseignement ou à une formation professionnelle, soit de sa participation essentielle à la vie de la famille, soit de la nécessité de suivre un traitement, soit de ses efforts en vue d'indemniser les victimes, soit encore de son implication dans tout autre projet sérieux d'insertion ou de réinsertion.

Par ailleurs, le Code de procédure pénale impose au candidat à la libération conditionnelle d'avoir subi une partie de sa peine. Ainsi, pour le condamné à une peine de temps, cette mesure ne peut être demandée que lorsqu'il a déjà effectué la moitié de sa peine sans que ce temps d'épreuve ne puisse excéder quinze ans ou, s'il s'agit d'un récidiviste, vingt ans. S'agissant ensuite du condamné à la réclusion criminelle à perpétuité, sa libération conditionnelle ne peut intervenir avant l'expiration d'un temps d'épreuve de dix-huit ans ou vingt-deux ans s'il s'agit d'un récidiviste.

Cette exigence liée au temps d'épreuve disparaît toutefois à l'égard de trois « catégories » de personnes : d'abord, au condamné à une peine privative de liberté inférieure ou égale à quatre ans, ou pour laquelle la durée de la peine restant à subir est inférieure ou égale à quatre ans, lorsque ce condamné exerce l'autorité parentale sur un enfant de moins de dix ans ayant chez ce parent sa résidence habituelle ou lorsqu'il s'agit d'une femme enceinte de plus de douze semaines (CPP, art. 729-3) ; ensuite, au condamné de plus de 70 ans, auquel la mesure est accordée lorsque sa réinsertion est assurée, notamment s'il justifie d'un hébergement à sa sortie (CPP, art. 729, alinéa 11) ; enfin, à la personne dont l'état de santé, malgré une prise en charge médicale adaptée, ne s'est pas amélioré alors qu'elle est sous le coup, depuis trois ans, d'une mesure de suspension de peine pour raisons médicales graves (CPP, art. 729, dernier alinéa).

Enfin, précisons que comme pour les réductions de peine supplémentaires, le législateur a prévu des règles particulières visant à exclure l'octroi d'une libération conditionnelle au profit de certains condamnés parce qu'ils se refusent à suivre un traitement (CPP, art. 729, alinéa 10).

Quant aux autorités compétentes pour en décider, l'article 730 du Code de procédure pénale distingue entre les condamnés dont la peine est inférieure ou égale à dix ans ou dont la durée de détention restant à subir, quelle que soit alors la peine initiale, est inférieure ou égale à trois ans, et les autres. Dans le premier cas, la compétence est dévolue au juge de l'application des peines. Dans le second cas, la compétence revient au tribunal d'application des peines. Dans les deux cas, un appel contre ces décisions peut être formé devant la Chambre de l'application des peines.

Là encore, en considération de la durée de la condamnation et/ou de la nature de l'infraction qui en est à l'origine, des règles spécifiques sont prévues, conférant au seul tribunal de l'application des peines après une évaluation de la dangerosité du condamné compétence pour décider de cet aménagement (CPP, art. 730-2).

Pendant la période de libération conditionnelle, le condamné bénéficiaire est soumis à un régime présentant quelques parentés avec celui du probationnaire. Il peut ainsi bénéficier de mesures d'assistance (aide psychologique et/ou matérielle) propres à le seconder dans ses efforts de réadaptation familiale et professionnelle (CPP, art. D. 532). Obligatoirement soumis aux mesures de contrôle prévues par l'article 132-44 du Code pénal (c'est-à-dire celles du sursis avec mise à l'épreuve – CPP, art. D. 533 et 534), il peut également être astreint à un certain nombre d'autres obligations ou interdictions envisagées aux articles 132-45 du Code pénal et D. 535 et suivants et 731-1 du Code de procédure pénale (CPP, art. 731).

Quant au maintien de la libération conditionnelle, il suppose, outre l'accomplissement satisfaisant des obligations et mesures susmentionnées, que le condamné libéré n'ait ni fait preuve « d'une inconduite notoire », ni commis de nouvelle infraction. Dans le cas contraire, en effet, la libération conditionnelle peut être révoquée, sans qu'il n'y ait d'ailleurs aucun automatisme en la matière, par l'autorité qui l'avait octroyée (CPP, art. 733).

La révocation, possiblement limitée à une partie seulement de la peine restant à subir, oblige le condamné à effectuer tout ou partie de la fraction de la peine non exécutée sans qu'il ne puisse y avoir de confusion permise avec la sanction nouvellement prononcée pour l'infraction commise pendant son temps de liberté.

En l'absence de révocation, la libération, de conditionnelle ***devient définitive***. Le condamné est définitivement libéré et sa peine est réputée terminée depuis le jour de sa libération, lequel est, en conséquence, le seul à devoir être pris en compte comme point de départ de la récidive temporaire ou du délai de réhabilitation. Il faut en effet se souvenir que, contrairement au sursis couronné de succès, une libération conditionnelle réussie ***n'entraîne pas l'effacement de la condamnation pour l'avenir*** : elle compte ainsi comme premier terme de la récidive, comme elle peut être un obstacle à l'octroi d'un sursis.

c) La suspension de peine pour raisons médicales graves

Depuis la loi du 4 mars 2002 sur les droits des malades, l'article 720-1-1 prévoit que la suspension peut être accordée, quel que soit le quantum de la peine ou la durée restant à subir, pour les condamnés atteints d'une pathologie engageant le pronostic vital ou lorsque leur état de santé, physique ou mentale, est durablement incompatible avec le maintien en détention. Une condition supplémentaire a toutefois été imposée par la loi du 12 décembre 2005 : qu'il n'existe pas un risque grave de renouvellement de l'infraction. Les détenus concernés doivent se prévaloir d'une expertise médicale (sauf hypothèse d'urgence où alors le seul certificat du médecin de l'établissement suffit) attestant que le condamné se trouve dans l'une de ces situations. Notons que, lorsque la suspension est ordonnée pour une condamnation prononcée en matière criminelle, une nouvelle expertise médicale doit intervenir tous les six mois aux fins de vérifier que les conditions d'octroi de la mesure sont toujours remplies.

Les autorités compétentes pour accorder cette suspension sont les mêmes que celles qui ont le pourvoir d'accorder une libération conditionnelle. Mais s'il y a urgence à se prononcer, compétence revient au juge de l'application des peines quelle que soit alors la durée de la peine initialement prononcée.

Par ailleurs, le bénéficiaire de cette mesure peut être soumis aux mesures de contrôle et interdictions qui assortissent le sursis avec mise à l'épreuve (CPP, art. 720-1-1, al. 5) ; leur non-respect peut conduire à ce qu'il soit mis fin à la suspension.

Chapitre 9

L'extinction de la peine

A priori, seule l'exécution de la peine devrait conduire à son extinction. Dans la mesure où la sanction a été prononcée pour être subie, la seule situation normale est celle où la peine s'éteint parce qu'elle a été exécutée.

À cela il faut néanmoins immédiatement ajouter, sans que la logique n'ait à en souffrir, que la peine s'éteint également par le décès du condamné. Conséquence évidente du principe de personnalité des peines qui s'oppose à ce que l'exécution de la sanction puisse être poursuivie à l'encontre des héritiers de l'auteur de l'infraction, la disparition du condamné – décès de la personne physique et dissolution de la personne morale – emporte extinction de la peine (C. pén., art. 133-1) et effacement de la condamnation.

Plus étonnantes sont les situations où la peine s'éteint en dépit de son inexécution. Quatre causes d'extinction de la peine sont pourtant énumérées à l'article 133-1 du Code de procédure pénale : la prescription, la grâce, l'amnistie et la réhabilitation.

1 La prescription

Traitée aux articles 133-2 et suivants du Code pénal, la prescription, qui s'opère par l'écoulement d'un certain délai, fait obstacle à l'exécution de la peine prononcée. C'est donc, en d'autres termes, l'inexécution de la sanction pendant un certain temps qui entraîne son extinction.

Assez naturellement, parce qu'elle peut se révéler un redoutable allié des délinquants les plus astucieux pour échapper aux recherches policières, la prescription est loin de faire l'unanimité même si, par ailleurs, elle se prévaut de multiples arguments en sa faveur dont la valeur de certains ne peut être niée : elle se présente d'abord comme ***sanction de l'inertie*** et de la carence des autorités chargées de l'exécution, ensuite comme facteur d'***apaisement de l'opinion publique***, apaisement que contrarierait une mise à exécution tardive de la peine pour une infraction dont le souvenir s'est déjà le plus souvent estompé, et enfin comme un ***instrument de politique criminelle*** puisque la prescription suppose que le délinquant, soucieux de se faire oublier, ait eu pendant des années une conduite irréprochable.

De ces fondements découlent fort logiquement ses limites : bâtie sur l'œuvre du temps et sa force d'oubli, la prescription disparaît pour les infractions gravées à jamais dans la mémoire collective. Ainsi en est-il, par exemple, des crimes contre l'humanité pour lesquels l'imprescriptibilité concerne aussi bien l'action publique que les peines prononcées (C. pén., art. 213-5).

■ *Les délais de prescription de la peine*

La ***durée du délai*** varie en fonction de la nature de l'infraction commise sans que la nature de la peine prononcée n'ait d'influence. Ainsi, sauf exceptions légales, la prescription est respectivement de vingt ans, six ans et trois ans pour les crimes, délits et contraventions (C. pén., art. 133-2 à 133-4). Et la peine infligée au criminel se prescrit toujours par vingt ans, quand bien même c'est une peine d'emprisonnement et non de réclusion qui aurait été retenue.

Le ***point de départ du délai***, quelle que soit sa durée, se situe selon la loi au jour où la décision de condamnation est devenue définitive, c'est-à-dire insusceptible de recours. Autrement dit, la règle à retenir est que le point de départ du délai est lié au caractère irrévocable de la décision.

Les ***causes d'interruption et de suspension du délai*** de prescription sont précisées par la jurisprudence, l'article 707-1 du Code de procédure pénale se contentant d'énoncer, dans une formule très large, que « la prescription de la peine est interrompue par les actes ou décisions du ministère public, des juridictions de l'application des peines et, pour les peines d'amende ou de confiscation relevant de leur compétence, du Trésor ou de l'Agence de gestion et de recouvrement des avoirs saisis et confisqués, qui tendent à son exécution. ». Dans cette mesure, produisent un effet interruptif tous les actes d'exécution forcée démontrant la velléité des autorités compétentes à ce que la peine soit mise à exécution, comme l'arrestation du condamné, la contrainte judiciaire ou encore les saisies. Quant aux causes de suspension, il peut s'agir d'un obstacle de fait empêchant l'exécution telle une guerre ou une catastrophe naturelle, mais le plus souvent l'obstacle sera de droit, résultant de l'octroi d'un sursis ou de l'exécution d'une autre peine.

Pour mémoire, on rappelle que l'interruption du délai, remettant « le compteur à zéro », fait courir un nouveau délai, de même durée que le précédent tandis que, par opposition, la suspension permet uniquement que le cours du délai soit arrêté, celui-ci reprenant là où il avait été stoppé une fois la cause de suspension disparue.

■ *Les effets attachés à la prescription*

Les effets de la prescription peuvent ainsi se résumer : *extinction de la peine mais maintien de la condamnation*. Sur le premier point, il n'est plus besoin d'insister davantage. En revanche, le maintien de la condamnation suffit à comprendre que les effets de la prescription ne sont toutefois pas absolus. Sur le plan pénal, la condamnation demeure en effet inscrite au casier judiciaire de l'intéressé, elle compte comme premier terme de la récidive et elle peut mettre obstacle au bénéfice du sursis. Par ailleurs, sur les obligations de nature civile résultant de la condamnation, l'article 133-6 du Code pénal précise que la prescription est sans incidence, ces obligations ne souffrant que de la prescription régie par les règles du Code civil.

2 La grâce

■ *Le domaine de la grâce*

Entorse au sacro-saint principe de la séparation des pouvoirs, la grâce est un moyen dont dispose ***le pouvoir exécutif*** pour dispenser un condamné d'exécuter tout ou partie de la peine prononcée par le juge ou pour y substituer une peine moins lourde.

Le droit de faire grâce se caractérise autant par sa généralité que par son arbitraire.

Droit général, il peut bénéficier à tout condamné et peut s'appliquer à toutes les peines, de la plus légère amende contraventionnelle à la réclusion criminelle à perpétuité, de la peine principale à la peine complémentaire.

Droit discrétionnaire, il l'est à la fois dans son principe et dans sa mesure.

Dans son principe d'abord, puisque la décision du président de la République, non motivée, ne peut faire l'objet d'aucun recours.

Dans sa mesure ensuite, puisque la grâce peut être totale, partielle (réduction gracieuse de la peine) ou substitutive (on substitue à la peine prononcée une peine plus douce : « commutation de peine »). Elle peut être aussi pure et simple ou conditionnelle lorsque la grâce est subordonnée à certaines exigences, comme l'indemnisation de la victime, le paiement d'une amende, l'absence de nouvelle condamnation pénale et dont l'irrespect entraîne tout simplement la révocation. Elle peut enfin être individuelle ou collective (ex. de la grâce traditionnelle du 14 juillet).

En réalité, il n'y a qu'une seule condition de fond qui restreigne cette mesure de clémence, celle de la nécessité d'une condamnation irrévocable et exécutive, ce qui exclut les condamnations assorties du sursis, les condamnations par défaut et celles prescrites.

■ *Les effets de la grâce*

Se retrouve ici, comme pour la prescription, un double effet. Le premier, positif, est la ***dispense d'exécution de la peine***. Le second, négatif, résulte du ***maintien de la condamnation*** comme en témoigne l'article 133-7 du Code pénal : « *la grâce emporte seulement dispense d'exécuter la peine* ». La condamnation, non effacée, demeure donc inscrite au casier judiciaire, compte toujours pour la récidive et constitue un obstacle potentiel pour le sursis. En outre, et toujours à l'égal de ce qui a été dit à propos de la prescription, la grâce ne saurait nuire au droit de la victime d'obtenir réparation du préjudice causé par l'infraction (C. pén., art. 133-8). C'est là une des caractéristiques communes avec l'amnistie alors même que cette dernière emporte, par opposition à la grâce, effacement de la condamnation.

3 L'amnistie

En guise de définition, l'amnistie peut être présentée comme une mesure d'oubli, la manifestation d'un pardon consistant à retirer le caractère d'infraction à certains faits commis dans le passé. Ce qui était infractionnel ne l'est plus, comme si l'élément légal de l'infraction venait à disparaître, de sorte que la peine qui s'y rattachait cesse de recevoir exécution et la condamnation qui lui servait d'assise est réputée n'avoir jamais existé.

Alors que longtemps la matière est restée ignorée du Code pénal (chaque loi d'amnistie déterminant individuellement ses régime et champ d'application), l'amnistie, grâce à la réforme de 1992, trouve dorénavant place aux articles 133-9 à 133-11 du Code pénal, lesquels cependant n'ont trait qu'aux effets de celle-ci.

■ *Les variantes de l'amnistie*

La règle, dictée par l'article 34 de la Constitution, veut que l'amnistie soit en principe d'***origine parlementaire***. C'est à la loi, au sens strict du terme, qu'est conféré le pouvoir d'accorder amnistie en même temps qu'elle en précise le champ d'application. À cet égard une distinction survient.

Tantôt l'amnistie est dite ***réelle***. Il en est ainsi lorsque le législateur s'attache soit à la nature des infractions, soit à leur gravité. Dans le premier cas, la loi d'amnistie se résume alors à dresser un inventaire des infractions qu'elle vise et leurs auteurs s'en trouvent alors automatiquement amnistiés. Dans le second cas, la loi réserve le bénéfice de l'amnistie à celles qui, au regard de la peine encourue et non prononcée, sont sanctionnées d'une peine inférieure à un certain taux précisément énoncé par la loi.

Tantôt l'amnistie est dite ***personnelle***. Forme de clémence sans aucun doute moins aveugle que la précédente, l'amnistie est alors dépendante d'une qualité de son bénéficiaire – son âge (mineur de 18 ans), son « titre » (anciens combattants, déporté) ou du comportement du délinquant après l'infraction lorsque, par exemple, la mesure est subordonnée à l'accomplissement de certaines obligations particulières tel le paiement de l'amende prononcée (l'amnistie personnelle est alors conditionnelle).

Cependant, à côté de l'amnistie proprement législative, cohabitent d'autres variantes d'amnistie où sont alors associés au pouvoir législatif l'autorité judiciaire (***amnistie judiciaire***) ou le pouvoir exécutif (***grâce amnistiante***).

Dans l'amnistie judiciaire, la loi, en subordonnant le pardon à la peine qui sera prononcée, laisse au juge le soin de désigner ceux qui profiteront de l'amnistie. Ainsi en est-il de la loi qui édicte que sont amnistiées les infractions, commises avant telle date déterminée, qui sont ou seront punies de peines d'emprisonnement inférieures ou égales à x mois sans sursis. La loi laisse ici une porte entrouverte dans laquelle le juge pourra s'engouffrer s'il estime opportun, au gré des circonstances (gravité de l'infraction et degré de responsabilité de son auteur), d'amnistier le coupable. Sans qu'il soit besoin d'insister davantage, l'amnistie judiciaire est à cet égard indubitablement celle qui permet au mieux d'individualiser une mesure qui, à l'origine, est générale et collective.

Par la grâce amnistiante (ou « amnistie par mesure individuelle »), le législateur réserve l'amnistie aux délinquants qui auront obtenu un décret de grâce pour une infraction déterminée. Au confluent de la grâce et de l'amnistie, la grâce amnistiante allie les avantages de la première (meilleure individualisation) avec les atouts de la seconde dont les effets se dévoilent beaucoup plus puissants.

■ *Les conséquences de l'amnistie*

a) Les manifestations de l'effet extinctif de l'amnistie

Le principe est énoncé d'entrée par l'article 133-9 du Code pénal : « L'amnistie efface les condamnations prononcées. Elle entraîne, sans qu'elle puisse donner lieu à restitution, la remise de toutes les peines. Elle rétablit l'auteur ou le complice de l'infraction dans le bénéfice du sursis qui avait pu lui être accordé lors d'une condamnation antérieure ».

L'effet est donc radical puisque non seulement les peines prononcées, principales comme complémentaires, cessent de recevoir application, mais encore la condamnation disparaît rétroactivement. Tout se passe comme si l'infraction n'avait jamais été commise, comme si la condamnation n'avait jamais eu lieu (avec néanmoins cette double réserve que l'amnistie personnelle ne vaut que pour son bénéficiaire, à l'exclusion des coauteurs ou complices qui ne revêtiraient pas les qualités exigées, et qu'elle suppose en amont, lorsqu'elle est conditionnelle, l'accomplissement des obligations requises).

Dans le prolongement de ce principe, et très exactement pour en garantir l'effectivité, l'article 133-11 du Code pénal « interdit à toute personne qui, dans l'exercice de ses fonctions, a connaissance de condamnations pénales, de sanctions disciplinaires ou professionnelles ou d'interdictions, déchéances et incapacités effacées par l'amnistie, d'en rappeler l'existence sous quelque forme que ce soit ou d'en laisser subsister la mention dans un document quelconque ». Il en résulte en particulier que la condamnation amnistiée doit être effacée du casier judiciaire, qu'elle ne compte plus pour la récidive et qu'elle ne forme plus obstacle, en cas de nouvelle condamnation, à l'octroi du sursis.

b) Les limites à l'effet extinctif de l'amnistie

La première découle de l'article 133-9 du Code pénal aux termes duquel l'amnistie ne peut donner lieu à restitution. L'amnistie ne saurait permettre à un condamné de prétendre au remboursement de l'amende honorée, ni même à la réparation des mois de privation de liberté. Aussi faut-il admettre que l'amnistie reste sans effet sur l'exécution d'une peine déjà subie alors même qu'elle a trait à un fait censé n'avoir jamais existé sous un aspect pénal.

La deuxième limite émane de l'article 133-10 de ce même code : « l'amnistie ne préjudicie pas aux droits des tiers ». Se trouve donc ici consacrée la survivance du droit à réparation fondé sur le fait que la matérialité des faits n'a pas disparu avec la condamnation. Sur le plan pénal, les conséquences juridiques des faits se sont évaporées mais les faits matériellement commis, et qui constituaient l'infraction, ne peuvent, eux, être anéantis.

En conséquence, toute personne ayant subi un dommage causé par le fait amnistié est en droit d'en demander réparation en exerçant l'action civile. De même, elle a droit à l'exécution des condamnations civiles, comme le mentionne, dans une hypothèse particulière, l'article 133-11 précisant que l'amnistie ne met pas obstacle à l'exécution de la publication ordonnée à titre de réparation.

Enfin, la dernière limite résulte de ce que l'amnistie reste sans impact sur les mesures de sûreté. Il est en effet de principe jurisprudentiel que les mesures de sûreté sont exclues du domaine de l'amnistie au motif principalement qu'elles ne constituent pas un châtiment infligé au condamné, mais s'analysent en un instrument destiné à protéger la société contre d'éventuelles futures infractions.

4 La réhabilitation

Les formes de la réhabilitation

a) La réhabilitation judiciaire

Réglementée aux articles 782 et suivants du Code de procédure pénale, la réhabilitation judiciaire est celle qui, comme son nom l'indique, doit faire l'***objet d'une demande à l'autorité judiciaire*** par le condamné lui-même ou son représentant (tuteur), ou par son conjoint, ses ascendants ou descendants dans l'année qui suit son décès.

Pour être recevable, cette demande doit satisfaire à un certain nombre de conditions :

- la peine doit avoir été exécutée, qu'elle l'ait été effectivement ou qu'elle soit réputée l'être ;
- un délai de cinq ans, trois ans ou un an selon que la peine subie était criminelle, correctionnelle ou contraventionnelle doit s'être écoulé depuis le jour où la condamnation est devenue irrévocable s'il s'agissait d'une peine d'amende, depuis le jour de sa libération définitive s'il s'agissait d'une peine privative de liberté, à partir de l'expiration de la sanction effectuée s'il s'agissait de toutes autres peines ;
- les récidivistes, les personnes condamnées après une réhabilitation antérieure et celles qui ont prescrit leur peine sont contraints par des délais plus longs selon les distinctions suivantes : un délai de six ans pour les récidivistes n'ayant subi aucune peine criminelle, sinon le délai passe à dix ans ; un délai de six ans pour les réhabilités ayant encouru une nouvelle condamnation correctionnelle et dix ans si elle était criminelle ; un délai de six ans si la peine prescrite était correctionnelle, dix ans si elle était criminelle. Par ailleurs, mais pour ces derniers seulement, la réhabilitation suppose que, pendant le délai de prescription, le demandeur n'ait encouru aucune condamnation pour la commission d'un délit ou d'un crime et qu'il ait eu une conduite irréprochable ;
- enfin, en toute hypothèse, exception faite de celle de la prescription de la peine, le condamné doit justifier du paiement de l'amende et des dommages et intérêts ou, à défaut, démontrer qu'il a subi la contrainte judiciaire.

Reste à signaler que l'ensemble de ces conditions s'évanouit lorsque le condamné, depuis l'infraction, a rendu des services éminents au pays (CPP, art. 789) sans que le texte ne soit plus prolixe sur ce qu'il faut entendre par « services éminents »...

Pour les personnes morales, les conditions sont pour l'essentiel similaires et donc transposables. Mais plus simplement, quelles que soient la peine (exceptée naturellement la dissolution) et la cause de son extinction, un délai unique de deux ans est prévu, qui court à l'expiration de la sanction.

b) La réhabilitation légale

Autrement dénommée réhabilitation de plein droit, la réhabilitation légale s'acquiert automatiquement par l'***effet du temps***, lorsque la personne concernée peut se prévaloir d'aucune nouvelle condamnation criminelle ou correctionnelle dans un délai qui varie en fonction de la peine prononcée.

1) Au profit des condamnés personnes physiques

D'après l'article 133-13 du Code pénal, les délais sont les suivants :

- trois ans pour les condamnations à l'amende ou jour-amende à compter, selon les circonstances du paiement, de l'expiration de la contrainte judiciaire ou de la durée d'incarcération sanctionnant le non-paiement des jours-amende ;
- cinq ans pour la condamnation unique à une peine d'emprisonnement n'excédant pas un an ou à une autre peine qui ne soit ni pécuniaire, ni privative de liberté à compter de leur date d'exécution ;
- dix ans en cas de condamnation unique à une peine d'emprisonnement n'excédant pas dix ans et en cas de condamnations multiples à l'emprisonnement pour un total de cinq ans maximum.

Par la loi du 5 mars 2007 relative à la prévention de la délinquance, ce texte fait l'objet de deux compléments. Il est d'abord prévu que tous ces délais sont doublés à l'égard des récidivistes. Il est ensuite précisé que les délais de réhabilitation ne courent qu'à compter de la date à laquelle la condamnation est non avenue lorsqu'elle était assortie d'un sursis, quel qu'il soit.

2) Au profit des condamnés personnes morales

À nouveau, les dispositions sont simplifiées par l'article 133-14 du Code pénal qui prévoit un délai unique de cinq ans quelle que soit la peine subie. Le délai, cependant, passe à dix ans lorsque la personne morale condamnée était en état de récidive légale (loi du 5 mars 2007 précitée).

■ *Les effets de la réhabilitation*

Il n'est plus ici besoin de distinguer selon que la réhabilitation est judiciaire ou légale ou selon qu'elle concerne des personnes physiques ou morales. Dans tous les cas, à l'égal des effets de l'amnistie aux dispositions desquelles renvoie l'article 133-16 du Code pénal, la réhabilitation interdit à toute personne ayant eu connaissance de rappeler l'existence des condamnations pénales effacées par la réhabilitation. Et de manière identique, elle préserve le droit des tiers qui conservent intact leur droit à être indemnisés des conséquences dommageables des infractions dont le souvenir a été effacé.

Au-delà de ces effets communs, la réhabilitation emporte des conséquences plus radicales que l'amnistie puisqu'elle fait disparaître les mesures de sûreté, lesquelles, du moins *a priori*, n'ont effectivement plus de raison d'être puisque, dans l'esprit, la réhabilitation ne vient que couronner l'amendement déjà acquis du condamné.

Néanmoins, la réhabilitation n'assure plus un véritable pardon. Toute réhabilitation n'entraîne plus effacement de la condamnation du casier judiciaire (modification datant de 2007). Seules peuvent en être supprimées les condamnations ayant donné lieu à réhabilitation judiciaire sur décision expresse de la juridiction (CPP, art. 729, 8°). Par voie de conséquence, la réhabilitation n'interdit plus « la prise en considération de la condamnation, par les seules autorités judiciaires, en cas de nouvelles poursuites, pour l'application des règles sur la récidive légale » (C. pén., art. 133-16, dernier al.).

BIBLIOGRAPHIE

– Bouloc (B.) *Droit pénal général*, 25e éd., 2017, Sirey.

– Canin (P.), *Droit pénal général*, 7e éd., 2015, Hachette supérieur, coll. « Les Fondamentaux ».

– Gare (T.) et Ginestet (C.), *Droit pénal et procédure pénale*, 9e éd., 2016, Dalloz, coll. « Hypercours ».

– Herzog-Evans (M.) et Roussel (G.), *Droit pénal général*, 3e éd., 2011, Vuibert.

– Kolb (P.) et Leturmy (L.), *Mémentos LMD – Droit pénal général*, 11e éd., 2017-2018, Gualino éditeur.

– Kolb (P.) et Leturmy (L.), Cours *Droit pénal général*, 3e éd., 2017-2018, Gualino éditeur.

– Kolb (P.) et Leturmy (L.), *Petit Lexique Droit pénal général*, 3e éd., 2017-2018, Gualino éditeur.

– Larguier (J.), Conte (P.) et Maistre Du Chambon (P.), *Droit pénal général*, 22e éd., 2014, Dalloz Mémento.

– Mathias (E.), *Termes du droit pénal et de procédure pénale*, Glossaire, 2006, Gualino éditeur.

– Pin (X.), *Droit pénal général*, 8e éd., 2017, Dalloz, coll. « Cours ».

– Sordino (M.-C.), *Exos LMD – Exercices corrigés de Droit pénal*, 3e éd., 2015, Gualino éditeur.

– Sordino (M.-C.), *Droit pénal général*, 6e éd., 2016, Ellipses.

Achevé d'imprimer par France Quercy, 46090 Mercuès
N° d'impression : 70594 - Dépôt légal : août 2017

Imprimé en France